## 트위터 영어

1판 1쇄 인쇄 2011년 1월 31일
1판 1쇄 발행 2011년 2월 7일

지은이 이근영 | 펴낸이 박혜숙 | 펴낸곳 미래M&B
책임편집 권순연 | 기획편집 talktotext@naver.com | 디자인 DOT'F
영업관리 장동환, 이도영, 김대성, 김하연 | 제작 남상원
등록 1993년 1월 8일(제10-772호) | 주소 서울시 마포구 서교동 368-22 서문빌딩 4층
전화 (02) 562-1800(대표) | 팩스 (02) 562-1885(대표)
전자우편 mirae@miraemnb.com | 홈페이지 www.miraeinbooks.com

ISBN 978-89-8394-646-1 13740

값 13,000원

* 잘못 만들어진 책은 바꾸어 드립니다.
* 미래인은 미래M&B가 만든 단행본 브랜드입니다.

트위터로 영어 하고, 영어로 트위터 하기
follow Twitter follow English

Twitter English

이근영

미래인

**Contents**

**Prologue** 그냥 영어도 힘든데, 트위터 영어라고요? ·6

## Part 1 트위터 영어 사용설명서

트위터 쪼개보기 ·10   트위터 가입하기 ·12   영어로 트위터 할 때 꼭 알아야 할 핵심 용어 ·16
트위터에서 자주 활용되는 영어 패턴 10 ·19   트위터에서 많이 사용되는 영어 구동사 10 ·24
트위터에서 가장 많이 틀리는 영어 표현 7 ·26   트위터에서 실수하기 쉬운 한국식 영어 ·29
트위터 영어 140자의 매력, 영어 줄이는 원칙 ·30

## Part 2 세계 스타들의 트위터에서 배우는 핫 영어

브리트니 스피어스 ·38   버락 오바마 ·46   빌 게이츠 ·56   파울로 코엘료 ·66   아놀드 슈왈제네거 ·72   알 파치노 ·82   샤킬 오닐 ·88   저스틴 비버 ·94   데미 무어 ·100   앨 고어 ·110   빌 코스비 ·118   머라이어 캐리 ·126   랜스 암스트롱 ·134   다니엘 헤니 ·142   장영주 ·148   오프라 윈프리 ·156   달라이 라마 ·164   예은 ·172   미셸위 ·178   존박 ·188   성룡 ·194

## Part 3 트위터에서 실수가 잦은 어색한 영어 바로 잡기

~을 주어야만 했어요 ·204   날 ~하게 만들어요 ·205   B보다 차라리 A할게요 ·206   ~하는 걸 그만두세요! ·207   ~로 남을게요 ·208   ~가 몹시 보고 싶어요 ·210   ~해오고 있어요 ·211   주어+동사 and 주어+동사 ·212   좋은 시간을 보냈어요 ·213   ~할 예정이에요 ·214   ~ 중 하나랍니다 ·215   ~할 필요가 있어요 ·216   ~하느라 너무 바쁘네요 ·217   A와 B ·218   ~하기를 기대하고 있어요 ·219   ~ 때문에 ·220   ~하기로 결정했어요 ·221   ~하는 걸 즐기고 있어요 ·222   ~하면 할수록, 더 …하게 돼요 ·223   당신에게서 ~을 배우고 싶어요 ·224   도착했어요 ·225   ~하고 싶어요 ·226   다른 나라들 ·227   몇 년 전에 여기 왔었어요 ·228   돌아가셨다 ·229   잊히지 않아요 ·230   차라리 ~할래요 ·231   얼마나 ~인지 ·232   당신이 만약 내 옆에 있었다면 ·233   혼자서는 복수로 쓰일 수 없는 명사 ·234   ~로 돌아갈 거예요 ·235

### Part 4 국내 셀러브리티들의 멘션에서 건진 트위터 필수 영어

아무리 ~해도 질리지 않아요 ·238  에이~ 귀찮게시리! ·239  잘돼가고 있는 것 같아요 ·240  ~이 …밖에 안 남았어요 ·241  편히 잠드세요. ~해서 영광이었어요 ·242  떡이 됐어요 ·243  쏘라 그러자 ·244  ~에 가는 길 ·245  ~가 결혼한대요 ·246  ~가 많네요 ·247  ~에 힘쓰고 있어요 ·248  너무 뜸했죠 ·249  예약했습니다 ·250  생각할 때마다 가슴이 두근두근 ·251  훨씬 ~하네요 ·252  몸이 뻐근하고 온몸이 욱신욱신 ·253  ~가 당기네요 ·254  목이 쉬었어요 ·255  ~에 완전히 빠졌군요 ·256  ~를 대신해서 ·257  든든하게 입고 나가세요 ·258  이제 ~할 시간입니다/~하기로 되어 있어요 ·259  ~를 궁금해 하시네요 ·260  ~하게 됐어요 ·261  추천 좀 해주세요 ·262  B보다 A가 더 좋아요 ·263  친하게 지내고 있어요 ·264  떨지 말고 ·266

### Part 5 베스트 트위터 영어

리트윗 많이 받는 방법 ·268  동서양을 막론하고 트위터에서 가장 많이 돌려본 35문장 ·270

### Part 6 트위터 속 사건사고 영어로 읽기

허드슨 강에 불시착한 비행기 생중계 ·280  이란 소녀 네다의 죽음 ·281  마이클 잭슨 사망과 트위터 서버 다운 ·282  커쳐와 CNN 간의 팔로워 수 대결 ·284  돈 내고 톱스타의 팔로잉 받기 ·286

**Prologue**

# 그냥 영어도 힘든데, 트위터 영어라고요?

지금 이 순간에도 바이러스처럼 퍼지고 있는 트위터의 열풍으로, 전 세계 트위터 가입자 인구가 2억 명에 이르고 국내 사용자도 벌써 200만을 돌파했다고 합니다. 트위터 열풍은 스마트폰의 보급에 힘입은 바가 크겠지만, 공통 관심사를 가진 이들, 때로는 접하기 어려웠던 유명인사들과 실시간으로 의사소통할 수 있다는 것이 그토록 많은 사람들을 트위터의 세계로 이끈 가장 큰 매력이 아닐까 싶습니다.

안타깝게도 전 세계인들과 의사소통한다는 트위터의 거대한 본래 취지와는 다르게 우리는 영어라는 두터운 언어의 벽에 가로막혀 트위터를 한국사람들끼리 실시간으로 의사소통하는 도구로 축소 사용하고 있다는 사실을 부정할 수 없습니다. 트위터를 잘만 사용하면 실시간으로 의사소통함은 물론 피드백까지 받을 수 있는 최고의 영어선생님으로 삼을 수 있는데도 말입니다.

### 트위터 영어가 필요한 "진짜" 이유!

트위터는 140자 글자수라는 제한 때문에 말이 쉽고 간단하다는 특성이 있습니다. 또한, 트위터는 구어체를 많이 표방하기 때문에, 쉽고 간단한 영어 표현으로 핵심을 전달하는 능력을 키울 수 있어 스피킹 실력까지 늘릴 수 있는 장점이 있습니다. 트위터 영어와 친해진다면 표현, 문법, 글쓰기 실력은 물론 외국인과도 쉽게 대화를 주고받는 자신을 발견할 수 있을 것입니다. 그러한 목표를 달성하기 위해 이 책은 다음과 같은 특징으로 구성하였습니다.

### 트위터 빈출 표현 분석 정리!

전 세계인의 트위터를 돌아다니며 공통적으로 많이 사용되는 표현을 분석, 추출하여 영어 울렁증을 가진 분들도 쉽게 영어로 의사소통할 수 있도록 패턴화했습니다. 배운 대로 차근차근 영어 멘션을 사용해보세요. 자전거를 배울 때랑 같답니다. 처음 페달에 발을 올리기까지가 어려운 것처럼, 한번 영어를 사용하기 시작하면 일사천리로 영어 트위터리안이 되어 있는 자신을 발견할 것입니다.

### 동경했던 해외 유명 스타의 영어 따라하기!

영어 표현에 친근감을 느끼도록 유명 해외 스타들이 자주 쓰는 트위터 표현을 정리해봤습니다. 평소 동경하고 접할 수 있었던 스타들의 영어를 내 것으로 만들 수 있고, 동시대의 미국 사람들이 "지금" 쓰고 있는 살아 있는 영어뿐만 아니라 오피니언 리더나 상류층이 쓰는 영어까지도 경험할 수 있습니다.

### 국내 유명인사의 트윗을 영어로 표현해보기!

정치인, 스포츠인, 탤런트, 가수 등 국내 유명인사의 한국어 트윗을 트위터 영어 틀에 맞춰 영어로 바꿔보았습니다. 또한, 표현별 패턴과 연습문제를 배치해 스스로 영어를 익혀 글을 올릴 수 있도록 구성했습니다.

### 자주하는 트위터 영어 실수 잡아내기

문장의 규칙에서 어느 정도 벗어나 자유롭게 글을 남길 수 있는 것이 트위터의 또다른 특징이기도 하지만, 그러한 자유로움은 기본적인 문법의 틀 안에서 이루어집니다. 자칫 지루하고 어렵게 느껴질 수 있는 문법을 스타의 트윗에서 골라내어 쉽게 공부할 수 있도록 구성했습니다.

**140자 제한이기에 더 중요해진 문법의 중요성!**

문법의 틀에 얽매이지 않는다고 생각되는 트위터나 문자 혹은 채팅 영어와 같은 소위 "젊은이들의 영어"에서도 그 생략의 기본 틀은 문법입니다. 각 트위터에 올라온 글의 문법을 유형별로 분석하여 학습자가 트위터에서뿐만 아니라 영어를 공부해나가는 데 필수적인 문법과 친숙해질 수 있도록 정리해두었습니다.

영어를 포함하여 언어를 공부하면서 가장 중요한 것은 자신감입니다. 〈트위터 영어〉를 통해서 트위터리안들이 쓰는 영어에 '조금'이라도 익숙해졌다면 자신의 부족한 영어실력을 핑계 삼아 더 이상 주저하지 말고, 지금 당장 트위터 타임라인에 영어로 메시지를 "확 던져보세요!" 틀려도? 괜찮아! 괜찮아! 그게 바로 트위터의 마력이니까요. 어느 순간인가 한글로 가득 찬 자신의 타임라인이 영어로 점령당하는 것을 목격할 수 있을 겁니다.

끝으로, 〈트위터 영어〉 덕분에 전 세계인들과 소통하면서 원고를 쓰는 내내 유쾌 상쾌한 시간을 보낼 수 있었습니다. 이 책이 나오기까지 처음부터 끝까지 지원과 격려를 아끼지 않은 미래M&B 출판사 관계자 여러분께 머리 숙여 깊은 감사의 말씀 전합니다. 또한, 제가 뚜벅뚜벅 걸어 나가는 길에 늘 든든한 버팀목이 되어주는 분들께도 늘 감사하다는 말씀 드립니다.

이근영

# Part 1
# 트위터 영어 사용설명서

twitter

# 트위터 쪼개보기

**트위터가 뭔가요?**

트위터의 자체 정의를 살펴보겠습니다.

Twitter is a real-time(실시간) information network powered by people all around the world that lets(~하게 하는) you share and discover what's happening now.
현재 지구촌에서 일어나고 있는 일들을 전 세계 사람들이 함께 공유할 수 있게 해주는 실시간 정보 네트워크! 그것이 바로 트위터이다.

말이 어렵다고요? 더 쉽게 설명해드릴게요.
Tweet은 원래 '(새가) 짹짹대다' 라는 뜻의 동사입니다. 전 세계인들이 실시간으로 크고 작은 일들이나 각종 정보에 관해 짹짹거림(tweet! tweet!)을 하며 수다를 떠는 장소가 바로 트위터(Twitter) 사이트라고 보면 됩니다. 예를 들어보겠습니다. 자장면을 먹는 게 Tweet Tweet하는 것이고, 그 자장면을 먹는 장소인 중국집은 Twitter 사이트가 되겠고요. 배달시켜서 먹는 자장면은 스마트폰으로 접속하여 Tweet하는 것과 비교할 수 있겠네요. 중국집까지 가서 먹는 것보다 시켜먹는 게 훨씬 편하기는 하죠.

## 영어 공부할 때 트위터 활용하기

트위터 사용자 순위
1. 미국
2. 영국
3. 캐나다
4. 브라질
5. 호주

그럼 What is Twitter?에 대한 대답은 된 것 같네요. 또 질문이 있다고요? 도대체 트위터랑 영어 공부랑 무슨 상관이냐고요? 현재 전 세계적으로 트위터를 사용하는 인구는 2억여 명이 가깝고 매일 50만 명씩 그 사용자 수가 증가하고 있다고 합니다. 게다가 2억여 명의 사용자 중 70퍼센트 이상이 미국, 영국, 캐나다, 호주와 같은 영어권 국가에 살고 있습니다. 어떠세요? 나랑 실시간으로 영어로 쨱쨱거리며 수다 떨 친구가 하루 만에 2억 명 정도 팡~ 하고 생긴다면, 알라딘의 요술램프가 따로 없겠죠?

2억 명 영어 친구가 있으면 뭐하냐고요? 내가 영어를 못하는데? 그렇지 않습니다(That's not the case)! 트위터는 140자의 한정된 공간 때문에 어렵고 현학적인 영어보다는 쉽고 간단한 영어를 지향합니다. 어떠세요? 완전 끌리지 않나요? 워워워! 워워~ 자 진정하고요(calm down). 로마도 하루 만에 지어진 게 아니니(Rome was not built in a day), 천천히 따라오면 영어와 트위터를 자유자재로 구사하는 Twitter + English의 Twittisher가 되어 있을 거예요. 약속드릴 수 있어요(You have my word)!!!

# 트위터 가입하기

자, 우선 트위터 영어로 빠지기 전에 가입할 때 반드시 알아야 하는 중요 표현(key expression)을 간단히 확인한 후에 정복에 들어가도록 하겠습니다.

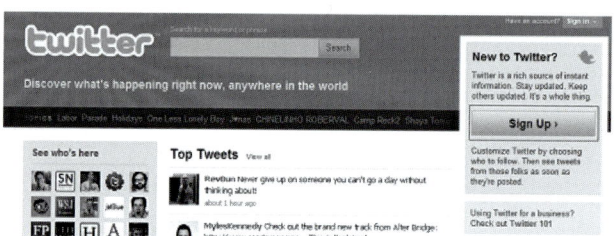

www.twitter.com에 접속하면 위와 같은 화면이 나옵니다. 뭐가 이렇게 복잡하냐고요(This is too complicated)? 그렇지 않습니다! 노란색의 Sign Up(회원가입) 부분만 클릭하면 바로 회원가입 메뉴로 들어갈 수 있습니다.

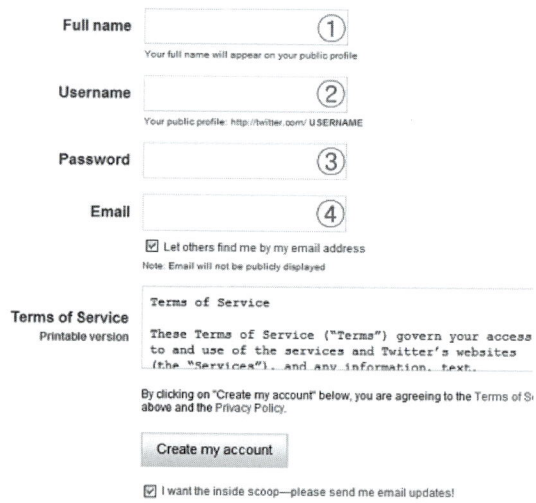

## 회원가입 시 적어야 하는 사항들

### 1 영문 이름 (FULL NAME)

Keun-young Lee

Your full name will appear on your public profile.

당신의 이름이 프로필 상에 나타납니다.

### 2 아이디 (USER NAME)

예를 들어 아이디명에 HisTwittish라고 적었다면 내 트위터 사이트 주소는 www.twitter.com/HisTwittish가 됩니다. 외우기 쉬우면서도 자신만의 개성이 녹아들어 간 아이디를 만들어야 사람들이 많이 놀러오겠죠?

만약, 희망 아이디 입력 후 우측에 "USERNAME has already taken."이라는 메시지가 뜬다면, 이 아이디는 다른 사람에 의해 사용되고(already taken) 있음을 의미합니다. 어쩔 수 없습니다(You can't help it)! 눈물을 머금고(choking back the tears) 다른 아이디를 검색해봐야 합니다. 언제까지(till when)? 우측에 "ok"라는 녹색의 메시지가 뜰 때까지!

### 3 암호 입력 (PASSWORD)

### 4 이메일 주소 (EMAIL)

이메일 주소 입력란 아래 Let others find me by my email address(다른 사람이 내 이메일 주소로 나를 찾는 것을 허용할까요?)에 체크하면 트위터 메인 검색창에서 나의 이메일 주소만 입력하면 다른 사람이 바로 내 트위터로 이동할 수 있습니다. 프라이버시(privacy)에 엄격한(?) 분들은 체크 안 하면 되고요.

☑ I want the inside scoop. Please, send me email updates!

맨 하단에 있는 위와 같은 메시지는 '트위터 내부의 알림 정보가 생기면 이메일로 업데이트 내용을 보내주세요'라는 내용입니다. scoop은 아이스크림 풀 때 쓰는 국자 같은 기구인데, 베스킨*** 아이스크림 가게에서 scoop 단위로 아이스크림을 팔기도 하죠. 그러니 새로운 정보 생기면 푸욱~ 퍼서 보내줄게(scoop)라는 뜻입니다. 관심 있으면 체크하세요!

자, 여기까지 하고 Create my account(내 계정 생성)를 클릭하면, 드디어 나만의 트위터 주소가 생성됩니다.

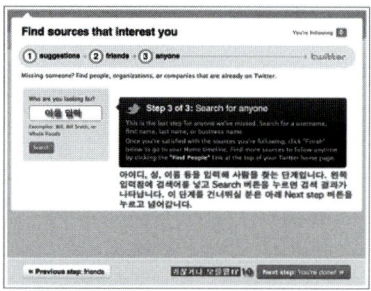

이제 어엿한 나만의 트위터가 생성되었습니다.
그런데 마지막으로 딱 한 개의 과정이 남았습니다. 바로 Confirmation(본인 확인)입니다.

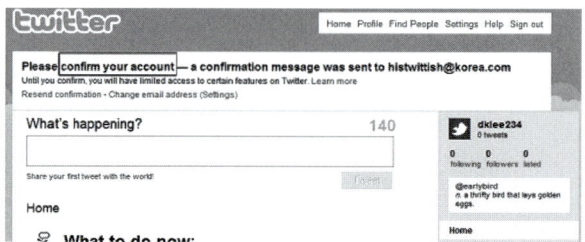

회원가입(Sign up) 과정에서 입력한 이메일을 로그인해보면 트위터로부터 메일 한 개가 와 있답니다. 클릭해보세요.

Please confirm your Twitter account by(~함으로써) clicking this link:
이 링크를 클릭함으로써 트위터 계정을 최종 확인할 수 있습니다.

http://twitter.com/account/confirm_email/dklee234/G4388-CHG4E-128380

Once you confirm, you will have full access to Twitter and all future notifications will be sent to this email address.
일단 확인이 되면 트위터의 모든 부분에 접근 가능하고, 향후 알림사항들도 이 이메일 주소로 보내집니다.

클릭하고 상단에 아래와 같은 메시지가 뜬다면, 이제 회원가입 절차는 끝입니다.

Your account has been confirmed. Thanks!
당신의 계정이 확인됐습니다. 감사합니다!

Have an account? Sign in!
쟤! 이제부터 140자의 향연은 시작됩니다!

# 영어로 트위터 할 때 꼭 알아야 할 핵심 용어

### 트윗(tweet)
사전적 의미는 '(새가) 찍찍 대다'입니다. 트위터에서는 참새가 짹짹거리듯 사람들이 끊임없이 자신의 메시지를 트위터 창에 올리는 것을 의미합니다. Tweet(짹짹거림 – 자신의 짧은 글을 올리는 행위)을 하는 장소가 바로 twitter라고 이해하면 됩니다.

### 타임라인(timeline)
내가 following하는 사람들의 메시지가 실시간으로(in real time) 올라오는 장소를 말합니다.

### RT(retweet)
재전송 기능입니다. 재밌거나 다른 사람들과 함께 나누고픈 다른 사람의 트윗을 자신의 팔로워에게 다시 트윗(리트윗)하는 기능입니다. 어떤 사람의 글을 보고 재밌어서 RT를 클릭하면 그 글이 자신의 팔로워들에게 좌악 뿌려집니다.

### 팔로잉(following)
다른 사람을 내가 따라다니는 것을 말합니다. 연예인이든 정치인이든 자신이 좋아하는 사람을 트위터에서 follow하면 그 사람이 올리는 글들을 내 timeline에서 확인할 수 있습니다.

## 팔로워(follower)

나를 따라다니는 사람을 의미합니다. 즉 내가 올린 멘션이 팔로워들의 타임라인에 나타납니다.

## 언팔로우(unfollow)

팔로우를 해제하는 기능입니다. 팔로우를 하다가 재미가 없거나 더 이상 그 사람의 글을 타임라인에서 보고 싶지 않다면 아래의 그림처럼 unfollow를 클릭하면 됩니다. 그러면 다시 팔로우하거나 그 사람의 트위터를 직접 찾아가기 전까지는 그 사람의 글을 볼 수 없습니다.

## 즐겨찾기(favorites)

좋아하는 글이나 나중에 읽어야 할 글도 있죠. 즐겨찾기에 저장하면 언제든 그 글을 다시 볼 수 있습니다.

## 멘션(mention)

사전적 의미는 '말하다, 언급하다' 라는 동사로도 쓰이고, '언급' 이라는 명사라도 쓰입니다. 자신이 팔로잉하고 있거나 혹은 나의 팔로워를 클릭하면 아래 그림과 같은 5개 메뉴가 나옵니다. 트위터에서 멘션은 그 사람에게 직접 말하는 것을 의미합니다.

### 리플라이(reply)
편지에 답장하듯이 상대방의 트위터에 댓글을 다는 기능입니다. 내가 타인의 글에 리플라이를 하면 내 팔로워들 모두가 그 글을 확인할 수 있습니다.

### DM(direct message)
말 그대로 번역하면 직접 메시지겠죠? 비밀쪽지라고 알아두면 됩니다. 한없이 개방적인 트위터 공간에서 다른 사람에게 비공개로 메시지를 전달하고 싶다면 DM을 눌러주면 됩니다. 단, 이 기능을 사용하려면 상대방이 나를 팔로우하고 나도 그 사람을 팔로우하고 있는 상태여야 합니다!

# 트위터에서 자주 활용되는 영어 패턴 10

> **1 나의 팔로워들에게 자신의 일정을 알려주고 싶다면**
> (It's 주로 생략!) **Time to + 동사** ~할 시간이에요.

**Time to** work. 일할 시간이에요.
          sleep. 잘 시간이에요.
          wrap up(=finish). 마칠 시간이에요.
          go back to home. 집에 갈 시간이에요.
          do my assignment 숙제할 시간이에요.

> **2 내 팔로워들에게 '~하는 게 힘들다'라는 푸념을 늘어놓고 싶다면**
> **It's hard(= difficult) to + 동사원형** ~하는 건 너무 힘드네요.

**It's hard to** know all the functions of a iPhone.
아이폰의 모든 기능들을 아는 건 어렵네요.
**It's hard to** increase the number of followers.
팔로워 숫자를 늘리는 건 어렵네요.
This car **is hard to** drive.
이 차는 운전하기 어렵네요.
**It's difficult to** get a good grade.
좋은 점수를 받는 건 힘들어요.
Shoot! My boss **is hard to** get along with.
젠장! 윗사람이랑 잘 지내기 너무 힘들어요.
**It's hard to** get a taxi at this time of day.
이 시간에 택시 잡는 건 힘드네요.
**It's hard to** find this in my size.
이걸 제 사이즈로 찾기가 쉽지가 않네요.

> **3 확신이 서지 않아서 팔로워들의 의견을 듣고 싶다면**
> I wonder ~   ~인지 아닌지 궁금하네요

**I wonder if it'll rain today.**
내일 비가 올지 안 올지 모르겠네요.

**It is so pretty. I wonder who made this card.**
너무 귀엽네요. 누가 이 카드를 만들었는지 궁금하네요.

**I wonder if you could do me a favor.**
나 좀 도와줄 수 있니?

**I wonder what I should eat for lunch.**
점심을 뭘 먹을까요?

**I wonder how this smartphone works.**
이 스마트폰 어떻게 작동시키는 건가요.

> **4 자신의 다음 일정을 팔로워들에게 알리고 싶다면**
> be going to ~   ~할 거예요

**I'm going to buy a new laptop today.**
오늘 새 노트북을 살 계획이에요.

**I am going to take a nap.**
낮잠을 자려고요.

**I am going to take my dog outside for a walk.**
개를 밖에 데리고 나가서 산책시킬 거예요.

**What are you going to wear to for tonight?**
오늘 밤에 뭐 입을 계획인가요?

**I am going to borrow the book from her.**
그녀한테 책을 빌릴 거예요.

**I am going to watch TV.**
TV 보려고요.

> 5 지금까지 해왔고 그리고 지금도 하고 있는 일을 팔로워들에게도 공개하고 싶다면
>
> have been -ing  ~해오고 있어요

I **have been** look**ing** for my missing dog.
제 잃어버린 개를 계속해서 찾고 있어요.

I **have been** work**ing** in this company for 30 years.
저는 이 회사에 30년간 일해오고 있습니다.

She **has been** study**ing** from last night.
그녀는 어젯밤부터 계속 공부를 하고 있어요.

What **have** you **been** do**ing** all day?
하루 종일 뭐하고 있었어요?

They **have been** search**ing** for the lost wallet.
그들은 잃어버린 지갑을 찾고 있습니다.

> 6 팔로워들에게 자신의 지긋지긋한 상황을 토로하고 싶다면
>
> I'm sick and tired of ~  ~는 정말 지긋지긋해요

**I'm sick and tired of** hot summer. 더운 여름이 정말 지긋지긋해요.

his attitude. 그의 태도가 정말 맘에 안 들어요.

being alone. 외로운 거 너무 싫어요.

Chinese food. Let's try Japanese food!
중국요리 질렸어요. 일식으로 하죠!

doing RTs in Twitter. I will Tweet my own funny story from now on. 트위터에서 다른 사람들 글 리트윗이나 하는 거 지겨워. 이제부터는 나만의 재미난 얘기를 트윗할 테야.

### 7 팔로워들에게 나의 감탄하는 심정을 전하고 싶다면?
**What a~ !** 정말 ~네요

「what + a + 형용사 + (명사) + 주어 + 동사」 혹은 「what + a + 형용사」

**What a  wonderful world!** 정말 멋진 세상이네요!
        **beautiful girl!** 정말 예쁜 여자네요!
        **sad day!** 정말 슬픈 날이네요!
        **relief!** 정말 다행이네요!
        **catch!** 정말 다행이네요!

### 8 일상의 즐거움을 트위터 친구들에게도 알리고 싶을 때!
**Excited to + 동사원형**  ~하게 돼서 너무 신나요

**Excited to join the team.**
팀에 합류하게 돼서 너무 좋아요.
**Excited to learn some more stuff today.**
오늘 새로운 것을 배울 수 있게 돼서 너무 신나요.
**Excited to meet new employees today.**
오늘 신입사원들을 맞을 생각하니 완전 신나요.
**Excited to see the movie.**
그 영화를 본다고 하니 너무 신나요.
**Excited to buy a new cellphone.**
새로운 핸드폰을 산다고 하니 완전 신나요.

> **9** 팔로워들에게 자신의 최종 결정을 살짝 공개하고 싶다면
>
> **I would rather + 동사원형**  차라리 ~할래요

**I would rather** go home.
저는 그냥 집에 갈게요.

**I'd rather** eat at home than going to the party.
그 파티에 가느니 차라리 집에서 먹을래요.

**I'd rather** buy a new phone.
차라리 새 전화기를 살래요.

**I would rather** get some sleep.
차라리 잠을 좀 자둘래요.

**I would rather** take a walk.
차라리 산책을 할래요.


> **10** 너무나 간절히 기다리는 일을 팔로워들에게도 알리고 싶다면
>
> **I can't wait~**  ~가 너무 기다려져요

「can't wait to + 동사원형」 혹은 「can't wait for + 명사」

**I can't wait** to see my father.
아빠를 보는 게 너무 기다려져요.

**I can't wait** for my vacation.
휴가가 너무 기다려져요.

**I can't wait** for Christmas.
크리스마스가 너무 기다려져요.

**I can't wait** to marry you.
당신과 빨리 결혼하고 싶어요.

**I can't wait** for the new movie.
그 새 영화가 너무 기대돼요.

# 트위터에서 많이 사용되는 영어 구동사 10

### 1 call off 취소하다
We had to **call off** the meeting.
우리는 그 회의를 취소해야만 했어요.

### 2 put off 연기하다
Never **put off** till tomorrow what you can do today.
오늘 할 일을 내일로 미루지 마세요.

### 3 break down 고장 나다
My car **broke down** on the highway.
내 차가 고속도로에서 고장 났어.

### 4 drag on 질질 끌다
The baseball game **dragged on** for 5 hours. We were bored to death.
그 야구 경기는 5시간 동안이나 질질 끌었어. 지루해서 죽는 줄 알았어.

### 5 break up 헤어지다
Jane and John **broke up**.
제인과 존이 헤어졌어요.

### 6 drop by (예정 없이) 들르다
I just **dropped by**.
그냥 잠시 들렀어요.

### 7 get along with 친하게 지내다
I am **getting along with** my roommate.
제 룸메이트와 잘 지내고 있어요.

### 8 go on 계속하다(= continue)
I don't want to interrupt you. Please **go on**.
제가 끼어들고 싶지 않아요. 계속하세요.

### 9 make up 화해하다
John and his brother **made up** after a huge argument.
존과 그의 동생은 크게 말다툼을 한 후에 화해를 했어요.

### 10 pull over 차를 길가에 세우다
She was stopped by a police officer and had to **pull over**.
그녀는 교통 단속에 딱 걸려서 차를 세워야만 했어요.

# 트위터에서 가장 많이 틀리는 영어 표현 7

### 1 ~에 대해 어떻게 생각하세요?

「What do you think of ~?」, 「How do you feel about ~?」
**What do you think of** this car?
= **How do you feel about** this car?
이 차에 대해서 어떻게 생각하세요?

**What do you think of** using cellphones in public?
= **How do you feel about** using cellphones in public?
공공장소에서 핸드폰 쓰는 것에 대해 어떻게 생각하세요?

### 2 forget to부정사와 forget -ing 구별하기

「forget+to부정사」 ~할 것을 잊어버리다(결국 안 한 거죠!!)
Damn! I **forget to** lock the door!
젠쟁! 문 잠그는 걸 깜빡했네! (문을 안 잠갔다.)

I **forgot to** FOLLOW her in Twitter.
트위터에서 그녀를 팔로우하는 것을 까먹었다. (팔로우 클릭을 안 했다.)

「forget+-ing」 ~한 것을 잊어버리다(결국 한 거죠!)
OMG! I **forgot** lock**ing** the door!
으악, 맙소사! 문 잠근 걸 깜빡했네! (문을 잠갔던 사실을 잊었다.)

I **forgot** FOLLOW**ing** her in Twitter.
트위터에서 그녀를 팔로우하고 있다는 것을 까먹었다. (팔로우 클릭을 이미 해놓고선 그 사실을 까먹었다.)

### 3 공짜가 service?

중국집에서 서비스로 나온 군만두를 찍어 트위터에 올리면서 It is a service!(그건 서비스예요!)라고 하면 곤란합니다. 그럴 경우에는 It's on the house.(무료 제공 서비스입니다.)라고 해야 합니다. 호텔 같은 곳에서 무료로 빵이나 주스 등을 제공할 때, free breakfast가 아니라 complimentary breakfast라고 찍어서 트위터에 올려야 해요.

## 4  비슷할 것 같지만 절대 다른 부사

### late 늦게 – lately 최근에
He was **late** for the meeting. 그는 그 회의에 늦었어요.
I've been putting on weight **lately**. 요즘 살이 붙고 있네요.

### most 가장 ~한 – mostly 대개
It is the **most** well-known cellphone in the world.
그것은 세상에서 제일 유명한 핸드폰입니다.
I **mostly** go for a lunch around 1 o'clock.
저는 대개 1시쯤 점심을 먹습니다.

### hard 열심히 – hardly 거의 않다
She studied **hard**. 그녀는 열심히 공부했어요.
I could **hardly** believe this story. 저는 이 얘기를 절대 믿을 수가 없어요.

### short 작은 – shortly 곧, 얼마 안 되어
He is very **short**. 그는 키가 아주 작습니다.
You will hear from the company **shortly**. 그 회사로부터 곧 소식이 있을 겁니다.

## 5  절대 전치사를 쓰면 안 되는 동사

I want to **marry with** her. (×) → I want to **marry** her.
나는 그녀와 결혼하고 싶어요.

He **entered into** the room. (×) → he **entered** the room.
그는 그 방으로 들어갔어요.

He **resembles with** his father. (×) → He **resembles** his father.
그는 그의 아버지를 닮았어요.

I don't want to **mention about** the problem. (×)
→ I don't want to **mention** the problem.
나는 그 문제에 관해 언급하고 싶지 않아요.

## 6  빌리는 것과 빌려주는 것

가장 많이 헷갈려 하는 단어입니다. 남에게 빌려줄 때는 lend를 사용하고, 빌릴 때는 borrow입니다.

I **borrowed** his car. 나는 그의 차를 빌렸습니다.
I **lent** him my car. 나는 그에게 내 차를 빌려주었습니다.

## 7 동명사를 목적어로 취하는 동사

동명사만을 목적어(동사의 대상)로 취하는 동사들을 외울 수 있는 공식을 알려드릴게요. 이것만 외우면 to부정사를 목적어로 사용하는 동사는 안 외워도 자연스럽게 해결됩니다.

"KTF에서 제일 비싼 상품인 MEGAPASS를 구매하면 예쁜 Q CARD를 드려요."

**k**eep 유지하다
**t**ry 시도하다 (to부정사도 가능)
**f**inish 끝내다

**m**ind 꺼리다
**e**scape 탈출하다
**g**ive up 포기하다
**a**void 피하다
**p**ut off 연기하다
**a**dmit 인정하다
**s**uggest 제안하다
**s**top 멈추다 (to부정사도 가능)

**q**uit 관두다

**c**onsider 고려하다
**a**ppreciate 감사하다
**r**efrain 그만두다
**d**eny 거절하다

# 트위터에서 실수하기 쉬운 한국식 영어

**콩글리시**
Konglish → broken English

**사인**
sign → signature

**아르바이트**
arbeit → part time job

**아파트**
apart → apartment

**팬티**
pant → underwear

**핸드폰**
handphone → cellular phone

**파마**
perma → perm

**컨닝(부정행위)**
cunning → cheating

# 트위터 영어 140자의 매력, 영어 줄이는 원칙

## 기호 및 숫자

**@ = at (장소) ~에**
　I am @Sinchon. 신촌에 있어요.

**2 = too 너무**
　The bag is 2 heavy. 그 가방은 너무 무거워요.

**4get = forget 잊다**
　I 4got 2 tell u. 너한테 말한다는 걸 깜빡했네.
　4rl? = for real? 진짜야?

**4 long time = for a long time 아주 오랫동안**

**8tez = later 나중에 보자**

## 짧게 줄이기

### A

**abt = about ~에 대하여**
　Abt to go to Goleta. = I am about to go Goleta.
　이제 막 골레타로 가려던 참이었어요.

**AFAP = as fast as possible 최대한 빨리 ~해주세요**
　I'll let u know AFAP. 최대한 빨리 알려드릴게요.

**affap = as fast fast as possible 가능한 한 빨리 빨리**

**aight = alright 옳아**(미드나 영화에서 실제 '아잇 아잇 ~'이라고 나오는 표현)

**altho = although 비록 ~이긴 하지만**

**asl plz = age/sex/location 나이/성별/위치.** 트위터보다는 채팅에서 쓰이는 표현으로, 처음 만난 상대방에 대해 알고 싶은 정보를 직접적으로 묻는 표현

**azn = asian 동양인**

## B

**b4 = before ~ 전에**
    i've never seen it b4! Thanks a lot! Def i'll try it later:)
    = I have never seen it before. Thanks a lot! Definitely, I'll try it later.
    전에 본 적은 없어요! 고마워요! 나중에 꼭 볼게요. (시도해볼게요)

**bday = birthday 생일**

**bf = boyfriend 남친**

**bfast = breakfast 아침식사**
    Having a bfast. 아침 식사 중이에요.

**bff = best friend forever 베플(가장 친한 친구)**

**brb = be right back 짬만(잠시만)**
    I'll brb. 금방 돌아올게요.

**btw = by the way 그건 그렇고, 그런데(화제 전환)**
    I lov this smartphone, BTW where can I get the case for this?
    저는 이 스마트폰 너무 좋아해요. 그런데 어딜 가면 케이스를 구할 수 있나요?

## C

**c = see 보다**

**c'mon! Loveya! = Come on, I love you all! 여러분 모두를 사랑합니다!**

**cokzn = caucasian 백인**

**c u = see you 당신을 만나다**
    nice 2 c u. 만나서 반가워요.

**cuz = because ~ 때문에**

**cya = see you later 나중에 또 봐요**

## D

**d = the (정관사)**

**d/l = download 다운로드**

**dat = that 저것**

**dchoco = dark chocolate 흑인**

dis = this 이것

Dnt 4get 2 ~ = Don't forget to ~ ~하는 것 잊지 마세요
    Dnt 4get 2 bring your key. 열쇠 가져오는 것을 잊지 마세요.

## E

enuf = enough 충분해요

## F

f'real = for real 정말

foo = fool 바보

FYI = For your information 참고로 말씀드리자면

FYR = For your reference 참고로 말씀드리자면
    they have those drinks, FYI i drink non-alcohol ones there!
    그 가게에는 이런 음료수들이 있답니다. 참고로 말씀드리자면 저는 무알콜 음료를 마신답니다.

## G

GBU = God bless you! 신의 가호가 당신과 함께하길!

gd = good 좋은, 착한

gf = girlfriend 여친
    She is my gf. 그녀는 내 여친이야.

## H

hafta = have to ~해야 한다

hb = hell bad 완전히 죽인다

huh = what? 뭐라고?

howd u kno ~ = How do you know ~ ~인 걸 어떻게 아세요?

## I

ILY = I love you 당신을 사랑합니다.

IOU = I owe you 당신 덕분이에요.(신세졌네요)

i gotta ~ = I've got to ~ ~해야만 해요 (I've got to는 구어체에서 '~해야 한다'는 must랑 같은 뜻)
    i gotta prepare 4 the exam. = I've got to prepare for the exam.
        시험 준비를 해야 해요.

i wanna ~ = I want to ~ ~하고 싶어요
    i wanna get some rest. = I want to get some rest. 휴식을 취하고 싶어요.

## J

j/m = just messing, j/k = just kidding 농담이야

j/p = just playing 그냥 놀고 있어요

## L

lemme = let me

lil = little

lol = laughing out loudly 큰 소리로 소리 내어 웃다, ㅋㅋㅋ과 비슷한 의미
    but i do like vacation. alot. lol.
        저도 휴가를 정말 좋아해요. zzzzzzzz

LYM(love you much) = I love you so much 당신을 사랑합니다

LYM4E = Love you much for everyone 여러분 모두를 사랑합니다

## M

mm@ = meet me at(@) somewhere 어디서 만나자고 약속을 했을 때

MWAH = Kiss. Kiss. 쪼옥 (의성어로 볼에 가벼운 키스를 할 때 나는 소리를 연상하게 하는 의미)

## N

n = and 그리고

nah, nope = no 아니요 (부정적인 대답)

ne = any 어느, 어떤 (무엇의 양이나 수)

np = no problem 문제없다고요

nvm = never mind 신경 쓰지 마세요

## O

OMG = oh my god!
    OMG, it is 2 cold outside. Winter is def. coming.
    맙소사(oh my god!) 밖이 너무(too) 춥네요. 확실히 겨울이 오고 있나봐요.

## P

ppl = people 사람들(트위터에서 아주 많이 쓰이는 줄임말)

## Q

q = question

## R

r = are(be동사)

rite = right 그래

rmbr = remember 기억하다

rofl = rolling on floor laughing 방을 구르며 웃음

## S

s'up 또는 sup = what's up(how are you doing?) 안녕

stfu = shut the fuck up 닥쳐

## T

tdy = today 오늘
    I hav a concert tdy. I have a concert today. 오늘 콘서트가 있어요.

tho = though (비록) ~이긴 하지만

thot = thought 생각했다(think 과거형)

tomr = tomorrow 내일

tru dat = true that 진짜

ttyl = talk to you later 그럼 이만, 나중에 또 보자

tweeples = tweet people 트친 여러분

## U

u = you 당신

u r = you are 당신은 ~이다

ur = your 당신의

## W

w/, wit = with ~와 함께

w/out = without ~ 없이
    I can't go out w/out the bag. 그 가방 없이는 나갈 수가 없어요.

wb = welcome back 다시 방가

whatcha = what are you 뭐~니?

wknd = weekend 주말

wot was dat = what was that? 그게 뭐예요?
    wot is da meaning of his tweet? = What is the meaning of his tweet?
    그의 트윗은 무슨 뜻인가요?

wtf = what the fuck? 뭐야 이거?(글자수를 줄이기 위함도 있지만 욕을 바로 쓸 수 없기 때문에 자주 쓰이는 형태)

wth = what the heck, hell? 에잇, 젠장 뭐야?

wut = what 무엇

## X

XOXO = Kiss! Hug! Kiss! Hug! 사랑합니다. 쪼옥~ (kiss와 hug를 형상화한 표현)

## Y

ya, yea, ye, yah, yup = yes 응, 그래 (긍정 대답)

ya'll = you all 너희 모두

**표정**

:)        웃긴다!

:P        메롱~

:(        슬퍼…

:(혹은:**(    눈물 나

:@        짱나

:|        실망이야

# Part 2
## 세계 스타들의 트위터에서 배우는 핫 영어

twitter

# Britney Spears

**브리트니 스피어스**

데뷔 음반 〈Baby One More Time〉으로 각종 기록을 세웠으며, 전 세계적으로 음반 판매량이 2800만 장에 이른다. 미국에서는 2000년대에 음반을 가장 많이 판 여성 가수이다. 1990년 말 틴 팝이 유행하는 데 대단한 영향을 끼쳤다.

# be about to + 동사원형

막 ~하려고 해요

## twitter

**(I am) About to** do my first shot of the day for *Glee*, tweeties! Here we goooo!
이제 〈Glee〉의 오늘 첫 촬영을 막 시작하려는 참이에요, 트친 여러분! 자, 이제 시작이에요!

*Glee: 2009년 5월 파일럿 에피소드 방영을 시작으로 선풍적인 인기를 끌고 있는 미국 뮤지컬 코미디 드라마. 고등학교의 glee club을 중심으로 벌어지는 이야기를 다룬다.

 **트위터 속으로 깊숙이 침투한 be to용법!**

「be about to + 동사원형」은 '막 ~하려고 하다', '~하려고 하는 참이다'란 뜻이에요. 이 밖에도 트위터를 하면서 유용하게 쓸 수 있는 「be ~ to + 동사원형」 형태의 숙어 표현에는 다음과 같은 것들이 있답니다.

「be to + 동사원형」 ~할 예정이에요
They **are to visit** the U.S. next month. 그들은 다음 달에 미국을 방문할 예정이에요.

「be due to + 동사원형」 ~하기로 되어 있어요
The party **is due to** start at 6. 그 파티는 6시에 시작하기로 되어 있어요.

1 The airplane **is** just **about to** land on the runway.
그 비행기는 이제 막 활주로에 착륙하려고 하고 있어요.

2 The boss **is about to** announce new plans.
그 사장은 새로운 계획에 대해 이제 막 발표하려고 하고 있어요.

3 The concert **is about to** begin.
그 콘서트가 이제 막 시작하려고 해요.

4 I **was about to** talk to police about the accident.
그 사고에 대해서 막 경찰에게 말하려던 참이었어요.

5 The pitcher **was about to** throw the ball at that time.
그 투수는 그때 막 공을 던지려던 참이었어요.

# spend+시간+-ing
## ~하며 시간을 보내다

### twitter
**What's uuupppp tweethearts?**
**Spending the day in the studio recording.**
어떻게 지내세요, 트위터 친구 여러분? 저는 스튜디오에서 녹음 작업을 하며 하루를 보내고 있어요.

 **돈과 시간의 소비를 나타내는 spend**

spend에는 돈이나 시간을 '소비한다'는 의미가 있어요. 그래서 「spend + 시간 + -ing」는 '~를 하며 시간을 보낸다[쓴다]'는 의미가 되는 거죠. 시간 자리에 '돈'이 들어가면 '~를 하는 데 돈을 쓴다'는 의미가 되고요.

**젊은 세대들 사이에서 가까운 상대방의 안부를 물을 때 쓰는 표현**
Hey, What's up? / How's it going? / What's going on? / What's new? / How have you been? 잘 지내? 어떻게 지내?

1. I **spend** a lot of time travel**ing**.
   저는 여행하는 데 시간을 많이 써요. (여행을 많이 하는 편이에요.)
2. My wife **spends** most of her night time watch**ing** soap operas.
   제 아내는 저녁시간을 대부분 TV 일일 연속극을 보는 데 씁니다.
3. Children should **spend** less time play**ing** computer games.
   아이들은 컴퓨터 게임을 하면서 보내는 시간을 줄여야 해요.
4. She seems to **spend** most of her time surf**ing** the Internet.
   그 여자는 시간을 대부분 웹서핑하며 보내는 것처럼 보여요.
5. Twitter users **spend** a huge amount of their time read**ing** the timeline of Followers.
   트위터 사용자들은 팔로워들이 타임라인에 쓴 글을 읽는 데 시간을 아주 많이 보내요.

# on one's way to+동사원형/장소

~하러/~로 가는 길이에요

**On my way to** go see @LadyGaga.
레이디 가가를 만나러 가는 길이에요.

### 🐦 트위터 속 on one's way to의 활약상

'~로 가는 길이야, 가는 중이야'라는 말을 하고 싶을 때 유용하게 쓰이는 표현입니다. 이때 to 뒤에는 '목적지'를 써주면 됩니다. home(집으로)이나 out(밖으로)처럼 그 자체에 to의 의미가 들어 있을 때는 to 없이 on one's way home과 같이 쓰면 되고요. 그런데 어떤 일을 '하러 가는 길이야'라며 목적지가 아니라 '목적' 자체를 말하고 싶다면 to 뒤에 동사원형을 써주세요. 브리트니처럼 말이죠.

1. **On my way to** see my boyfriend.
   남자 친구를 만나러 가는 길이야.
2. **On my way to** my house, I met my old friend.
   집으로 가는 길에 옛 친구를 만났어요.
3. The taxi stopped suddenly **on the way to** the airport.
   공항으로 가는 도중에 그 택시가 갑자기 서버렸어요.
4. **On my way** home!
   집에 가는 길이랍니다!
5. Are you **on your way** out?
   밖에 나가는 길이에요?

# can't wait to + 동사원형

**Britney Spears**

어서 빨리 ~하고 싶어 죽겠어요

### twitter

What's up, guys? Having so much fun on set!! (I) **Can't wait** for you guys **to** see the episode!

여러분, 어떻게 지내세요? 저는 촬영장 세트에서 너무 재미있는 시간을 보내고 있어요. 여러분이 드라마의 이번 회를 어서 빨리 봤으면 좋겠어요!

 **한시도 기다릴 수 없을 정도로 하고 싶은 심정을 나타내는 can't wait to**

「can't wait to + 동사원형」은 기다릴 수 없다는 액면 그대로의 뜻이 아니라, 기다릴 수 없을 정도로 '어서 빨리 ~하고 싶다'거나 '~하는 게 너무 기대가 된다'는 의미로 쓰이는 표현이에요. 브리트니가 트위터에 쓴 말처럼 '누가 어서 빨리 ~했으면 좋겠다'라고 말하고 싶을 때는 to 앞에 「for + 누구」를 살짝 넣어주면 되죠.

#### '즐겁게 보내세요' 관련 표현
Having a great time. 즐겁게 보내고 있어요.   Have fun! 재미있게 보내세요.
Have a nice time. 즐거운 시간이 되길.   Enjoy your time. 즐겁게 보내길.

1. (I) **Can't wait to** marry him.
   어서 빨리 그와 결혼하고 싶어요.
2. I **can not wait to** sign up for Twitter.
   트위터에 가입하는 게 너무 기대돼요.
3. I **can not wait to** go out with my girlfriend tonight.
   오늘 밤 여친이랑 데이트하는 거 너무 기대돼요.
4. We **can't wait to** see new Apps on the iPhone.
   새로운 어플들을 아이폰에서 보는 게 너무 기다려져요.
5. I am so excited. I **can not wait to** tell my friends that I got an iPhone.
   너무 흥분돼요. 친구들한테 아이폰 생겼다고 빨리 말하고 싶어 죽겠어요.

# how hard it is to+동사원형

~하는 게 얼마나 힘든지

### twitter

I know **how hard it is to** dance with that snake! Nice job....
그 뱀과 함께 춤을 추는 것이 얼마나 힘든지 저도 잘 알아요! 아주 잘했어요.

 **어렵다, 쉽다와 관련된 일상 숙어**

how hard it is는 「how + 형용사 + 주어 + 동사」로 대표되는 감탄문 구조입니다. hard라는 형용사 자리에 easy를 넣으면 how easy it is.(얼마나 쉬운지.)로 변신하고 형용사 자리에 fast를 넣으면 how fast it is.(얼마나 빠른지.)로 변신합니다.

It is no picnic! 놀러가는 게 아냐! (어려운 문제에 봉착했을 때 사용하는 말)
It's all Greek to me. 무슨 소린지 당최 모르겠어. (어려운 그리스말을 이해할 수 없듯이 어떤 문제나 대화를 이해할 수 없을 때)
It is a piece of cake. 그건 식은 죽 먹기야. (케이크 한 조각 먹는 것 같이 쉬운 문제를 대할 때)

1. I don't know **how hard/funny it is**.
   그게 얼마나 어려운/웃긴 건지 모르겠어요.
2. I know **how hard it is to** sing with a cold.
   감기에 걸려서 노래를 부르는 게 얼마나 힘든지 저도 알아요.
3. After watching *Superstar*, I came to know **how hard it is to** be famous.
   〈슈퍼스타〉를 보고나서 유명해진다는 게 얼마나 힘든지 알게 됐어요.
4. Do you know **how hard it is to** pass the exam?
   그 시험 합격하기가 얼마나 힘든지 아세요?
5. The report shows **how hard it is to** change one's habit.
   그 보고서에는 사람이 습관을 바꾸는 게 얼마나 힘든지 나타나 있어요.

# get ready for
~할 준비를 하다

**(I'm) Getting ready for** my second day of *Glee*. Shooting a really cool scene today that I know you guys will love.
〈Glee〉 촬영 두 번째 날을 준비하고 있어요. 오늘 정말 멋진 장면을 촬영할 거예요. 여러분도 좋아할 거예요.

### get을 사용하는 필수 구동사
구동사란 동사에 전치사나 부사를 붙여 하나의 동사처럼 쓰는 것을 말합니다. 알면 자주 사용할 수 있는 get 구동사를 몇 개 알려드릴게요.

**get out of** ~에서 나가다
I need to **get out of** here! 저 여기서 나가야 해요!

**get up** 일어나다
It's time to **get up**. 일어날 시간입니다.

**get along with** ~와 어울리다
You should **get along with** your friends. 친구들과 사이좋게 지내.

### 격의 없는 사이에 편하게 쓸 수 있는 호칭들
짜식 man                    여러분, 너희들, 얘들아 you guys
행님, 칭구야 bro(brother의 줄임말, 친근함을 나타낼 때)    녀석 dude

1. Let's **get ready for** the party! 파티 준비하자!
2. (I) Need **get ready for** work. 일하러 갈 준비해야겠어요.
3. (It's) Time to **get ready for** school.
   학교 갈 준비할 시간이야.
4. Be sure to **get ready for** school on your own from now on.
   이제부터는 학교 갈 준비는 너 혼자 해. 알겠지?
5. Let's **get ready for** the match.
   시합을 준비하자.

## 확인문제

**1** 〈Glee〉의 둘째 날 촬영을 준비하고 있어요.

G____ing r_____ f___ my second day of *Glee*.

**2** 이제 〈Glee〉의 오늘 첫 촬영을 막 시작하려는 참이에요, 트친 여러분!

I am a_____t_ do my first shot of the day for *Glee*, tweeties!

**3** 스튜디오에서 녹음 작업을 하며 하루를 보내고 있어요.

S_____ t___ d___ in the studio recording.

**4** 레이디 가가를 만나러 가는 길이에요.

O_ my w___ t_ go & see Lady Gaga.

**5** 여러분들이 드라마의 이번 회분을 어서 빨리 봤으면 좋겠어요!

I c_____ w____ for you guys t_ see the episode!

**6** 그 뱀과 춤추는 게 얼마나 힘든지 저도 잘 알아요.

I know h___ hard i_ i_ to dance with that snake.

■ **정답**
1. Gett / ready / for  2. about / to  3. Spending / the / day  4. On / way / to  5. can't / wait / to
6. how / it / is

■ **핵심 어휘**

**runway** 활주로
**announce** 발표하다
**shot** 촬영
**record** 녹음하다, 녹화하다
**episode** 드라마의 한 편
**go out with** ~와 데이트하다
**soap opera** TV 일일 연속극
**surf the Internet** 웹서핑을 하다
**sign up for** ~에 등록하다, 가입하다
**pass the exam** 시험에 합격하다

# Barack Hussein Obama

**버락 오바마**

제44대 미국 대통령. 인권변호사 출신으로 연방 상원의원을 지냈으며, 2008년 민주당 대통령 후보로서 미국 최초의 흑인(정확하게는 혼혈 흑인) 대통령이 되었다. 2009년 '국제외교와 인류의 협력 강화를 위한 비상한 노력'을 인정받아 2009년 노벨 평화상을 수상하였다.

# can't afford to + 동사원형

~할 여유가 없다

> **twitter**
>
> We **can't afford to** go backward to the failed policies of the past. We have to move forward.
> 우리는 과거에 실패했던 정책으로 되돌아갈 여유가 없습니다. 우리는 앞으로 나가야만 합니다.

 **물리적으로나 정신적으로나 여유가 없음을 나타내는 can't afford to**

「can't afford to + 동사원형」은 우리말로 옮기면 '~할 여유가 없다'이죠. 이때 여유란 경제적인 여유뿐 아니라 정신적인 여유, 상황 상의 여유 등까지 폭넓게 쓰인답니다. 반대로, '~할 여유가 있다'는 표현은 can't를 can으로만 바꾸면 되죠.

**방향 전환 관련 표현**
forward 앞으로  backward 뒤로  left face 좌향좌  right face 우향우  about face 뒤로 돌아

**정치 관련 용어 정리**
policy 정책  vote 선거하다; 투표, 투표권  cast a vote 한 표를 던지다  candidate 후보자

1. I **can't afford to** buy a BMW.
   나는 BMW를 살 만한 여유가 없어요.
2. You **can't afford to** miss it!
   당신은 그것을 놓칠 여유가 없어요! (놓치지 마세요!)
3. We **can't afford to** wait anymore.
   우린 더 이상 기다릴 여유가 없어요. (더 이상 못 기다리겠어요.)
4. I **can afford to** buy the house.
   저는 그 집을 살 여유가 있어요. (그 집을 살 수 있어요.)
5. Why **can't** people **afford to** spend some time in Twitter?
   왜 사람들은 트위터에 시간을 쓸 여유가 없는 걸까요? (왜 사람들은 트위터에 시간을 쓰려고 하지 않는 걸까요?)

# be humbled

황송하고 과분합니다

---

**twitter**

**Humbled.**
황송할 따름입니다. (노벨상 평화수상자로 확정된 직후 트위터에 올린 표현)
**I am humbled** to get this award.
이 상을 주셔서 황송하고 과분합니다.

---

 **humbled 황송하고 과분하다**

노벨상이라는 결과에 자만하지 않고 겸손하게 계속 헌신하겠다는 오바마 대통령의 의도가 이 말에 담겨 있는 것이 아닐까요? 시상식 등에서 그 상을 받을 자격이 되는지 잘 모르겠다며 겸손한 마음을 전달할 때 사용되기도 합니다.

humble은 '겸손한'이라는 형용사로도 쓰이지만 '겸허하게 하다'라는 동사로도 쓰입니다. 오바마가 누군가를 겸손하게 한 게 아니고, 상을 받는 것 때문에 스스로 겸손해진 것이지요. 이러한 상황을 수동태라고 합니다. 자신이 행한 것이 아니라 행함을 당했을 때 「be동사 + 과거분사」로 나타냅니다.

1. I **am humbled** by this honor.
   (주로 시상식이나 어떠한 자리에 선출되었을 때) 과분한 명예를 줘서 영광스럽습니다.
2. I am trying to **be humbled** on every single day.
   매일 겸손해지려고 노력 중입니다.
3. By the volunteers' selfless service, I **was humbled**.
   그 자원 봉사자들의 헌신적인 봉사에 저는 겸허해집니다.
4. Whenever I look over the mountain, I **am humbled** by its greatness.
   저는 산을 볼 때면 언제나 산의 위대함에 압도당합니다.
5. In my **humble** opinion, what I propose is necessary for our company.
   (겸손한 태도로 의견을 개진할 때) 제 소견으로는, 제가 제안하는 것이 우리 회사에 필요하다고 생각합니다.

# it's up to ~

그건 ~에 달렸어요

> **twitter**
>
> **It's up to** all of us to defend that most basic American principle of a government of, by, and for the people.
> 국민의, 국민에 의한, 국민을 위한 정부라는 미국의 가장 기본적인 원칙을 지키는 건 우리 모두에게 달려 있어요.

 '네 맘~대로 하세요~'를 영어로는 어떻게 표현할까?

be up to에는 '~에 달려 있다, ~에 따라 좌우지된다(= depend on)'는 의미가 있어요. 그래서 상대와 내가 다 알고 있는 것에 대해 얘기할 때는 주어 자리에 it을 써서 it's up to ~로 말하곤 하죠. '밥 뭐 먹을까?', '영화 뭐 볼까?' 등의 질문을 받을 때면 곧잘 하게 되는 대답인 '네 맘대로 해.'도 바로 It's up to you.라고 한답니다.

**미 정치인들의 연설에 항상 인용되는 미16대 대통령 링컨의 〈게티즈버그 연설문〉 중**
This nation, under God, shall have a new birth of freedom, and that government of the people, by the people, for the people, shall not perish from the earth.
이 나라에는 신의 가호 아래 새로운 자유가 탄생할 것입니다. 또한 국민의, 국민에 의한, 국민을 위한 정부는 지구상에서 결코 사라지지 않을 것입니다.

1   A: Where do you want to go for lunch?  B: **It's up to** you.
    A: 점심 먹으러 어디로 갈까요? B: 당신이 정해요.

2   A: Isn't there any way to make a lot of followers on Twitter?
    B: **It's up to** you. You need to update lots of useful information.
    A: 트위터에서 팔로워 좀 많이 만드는 방법 없을까요?
    B: 그건 당신한테 달렸어요. 유용한 정보를 많이 올려야 될 거예요.

3   Let's go for a drink. **It's up to** me.
    술 한 잔 하러 가자. 내가 쏜다. (돈 내는 것이 나한테 달렸으므로)

4   Win or lose in the game **is up to** Michael Jordan.
    게임에서 이기고 지는 것은 마이클 조던한테 달렸어요.

# for those who ~
## ~한 사람들을 위해

### twitter

Today we grieve **for those who** we've lost, honor **for those who** have sacrificed, and do our best to live up to the values we share.

오늘(9.11) 우리는 우리가 잃은 이들을 애도하고, 희생한 이들에 대해 경의를 표하며, 우리가 공유하는 가치들을 지켜나가기 위해 최선을 다하겠습니다.

 **for those who + 동사**

for those who는 다음에 동사를 넣어 ~한 분들을 위해서라는 의미로 이용됩니다. for those who come to our party(우리 파티에 온 분들을 위해서)처럼 말이죠. 트위터에서도 많이 사용되지만 연설문 같은 격식이 있는 선언문에서 더 자주 들을 수 있답니다.

위 문장은 주어 하나(we)에 세 개의 동사(grieve 애도합니다, honor 존경합니다, do our best 최선을 다하겠습니다)가 달렸습니다. 이처럼 한 문장에서 같은 범주에 포함되는 2개 이상의 단어를 나열하고자 할 때는 grieve, honor, and do our best처럼 맨 마지막 사항에만 콤마(,)와 and를 써주고 그 앞에 나열된 것들은 콤마로만 구분해줍니다.

There are apples, grapes, and bananas on the table.
탁자에는 사과, 포도, 바나나가 있습니다.

1. Here are my tips **for those who** have never tried Twitter.
   트위터를 한 번도 해본 적이 없는 사람들에게 제가 몇 가지 요령을 알려드릴게요.
2. Tips **for those who** want to make a friend on Twitter.
   트위터로 친구를 사귀고 싶은 분들에게 도움이 되는 요령.
3. A special kind of job fair is taking place **for those who** have lost their jobs. 직장을 잃은 이들을 위한 특별한 취업박람회가 개최되고 있습니다.
4. **For those who** can't afford to wait in line, the restaurant offers delivery. 줄서서 기다릴 수 없는 고객에게 그 음식점은 배달 서비스를 제공합니다.
5. Is there any other drink **for those who** cannot drink alcohol?
   술을 못 마시는 사람들이 마실 수 있는 다른 음료가 있나요?

# be overwhelmed by ~

~에 대해 어찌할 바를 모르겠네요

### twitter

Thank you to all those who signed my birthday card. I **was overwhelmed by** the kind words I received from everyone.

생일 축하카드를 적어준 분들 모두 감사합니다. 여러분 모두에게서 받은 따뜻한 인사말에 어찌할 바를 몰랐습니다.

 **엄청 당황스러울 때 할 수 있는 표현**

overwhelm은 압도하다라는 의미의 동사입니다. 그런데 「be + overwhelmed」는 수동태(행위를 당하는 것)이니, 해석은 ~에 의해서 압도당하다가 됩니다. 그런데 직역 그대로보다는 압도될 정도로 어떠한 일에 어찌할 바를 모르겠다라는 의미로 사용됩니다. 감사해서 몸 둘 바를 모르겠네요처럼 말이죠. 물론 황당한 상황을 당했을 때도 사용할 수 있습니다. I was overwhelmed by the kind words I received.는 한 문장 안에 주어 2개(I, I), 동사 2개(was overwhelmed, received)가 있는 오묘한 문장입니다. 해당 문장은 words 뒤에 관계대명사 that이 생략된 것입니다. 즉 내가 받았던(that I received) 친절한 인사말들(the kind words)에 어찌할 바를 몰랐다는 뜻이죠. 이렇듯 앞에 있는 말을 꾸며주기 위해 뒤에 있는 다른 절 앞에 오는 관계대명사가 목적격이면, 이것은 생략 가능합니다.

1 I'**m overwhelmed by** your warmest greeting.
   너무 따뜻하게 맞아줘서 어찌할 바를 모르겠네요.

2 A: Congratulation on your promotion!
   B: Thank you. Actually, I **am overwhelmed by** too much attention.
   A: 승진 축하 드려요! B: 감사합니다. 사실 너무 관심을 많이 줘서 어찌할 바를 모르겠어요.

3 Feeling **overwhelmed by** too much stress, I decided to take a yoga class. 너무 스트레스를 많이 받아 어찌할지 몰라서, 요가 수업을 듣기로 결심했어요.

4 Travelers may **be** a little **overwhelmed by** the crowds and noise of that city. 이 도시에 여행하러 온 분들은 사람이 너무 많고 시끄러워서 조금 당황스러울 겁니다.

5 **Is** he **overwhelmed by** what other people are saying about him?
   자신에 대해서 사람들이 이러쿵저러쿵 말하는 것 때문에 그 남자는 당황스러워하고 있나요?

# put aside ~

~는 집어치우다, 따로 떼놓다

> **twitter**
>
> Let's **put aside** partisanship and work together for small businesses, employees, and the communities.
> 당쟁은 집어치우고, 중소기업과 근로자들 그리고 지역사회를 위해 함께 일합시다.

 **감정은 무시하고, 돈은 챙겨둔다는 의미로 사용되는 put aside**

put aside는 놓다라는 의미의 put과 측면이라는 의미의 aside가 합쳐져서 측면에 놓다라는 직역보다는 한쪽에 잠시 치워두다, 제쳐두다, 우선순위에서 밀려나다라는 의미로 사용됩니다. 혹은 여름휴가를 위해 돈을 모으는 것처럼 어떤 목적을 위해 돈을 따로 모아두다라는 의미로도 사용되고요.

오바마 대통령의 트위터를 보면 Let's(~합시다)라고 먼저 말한 후에 put aside(집어치우다)와 work together(함께 일하다)라는 두 가지 동작을 요구하고 있습니다. 이때 put과 work의 시제와 형태를 일치시키는 것을 문장의 병렬(나란히 놓기)이라고 합니다.

다음 예문에서는 사람들이 본 것은 stealing a car(차를 훔치는 것)와 running away(도망가는 것) 두 가지이므로, 둘 다 -ing 형태로 일치해놓았네요.

All the people who were in the bank saw the guy stealing a car **and** running away.
은행에 있던 사람들은 모두 그 남자가 차를 훔쳐 도망가는 것을 봤습니다.

1 Why don't we **put aside** our differences?
  우리가 서로 다르게 생각하는 부분은 그냥 제쳐두는 게 어때?

2 To find the future you want, you must **put aside** the past.
  당신이 원하는 미래를 찾기 위해서는, 과거로부터 벗어나야만 합니다.

3 I **put aside** my papers when she came to my office.
  그 여자가 내 사무실에 오자, 나는 서류들을 한 쪽에 치워두었어.

4 Let's **put aside** some money for our future trip.
  앞으로 여행을 갈 수 있게 돈을 따로 모으자.

# because of

~ 때문에

> **twitter**
> Let's show Washington one more time that change doesn't come from the top. Change happens **because of** you.
> 변화는 위에서부터 오는 게 아니라는 것을 다시 한 번 미국 정부에 보여줍시다. 변화는 당신 때문에 일어나는 겁니다.

 **because of** *vs.* **because**

가장 많이 쓰면서도 가장 많이 틀리는 표현이 바로 because of입니다. because는 Because I like you.(내가 너를 사랑하기 때문에.)처럼 주어와 동사가 because 다음에 위치합니다. 이에 반해 because of는 Because of you, we lost.(너 때문에 우리가 졌어.)에서처럼 뒤에 명사(명사절)가 온다는 것만 명심하면 됩니다.

1. She could not help but quit the job **because of** her health.
   건강 때문에, 그 여자는 그 직장을 그만둘 수밖에 없었어요.
2. **Because of** her immediate reply, she has a number of followers on her Twitter. 그 여자는 즉각 답변하기 때문에, 트위터에 팔로워가 많아요.
3. We could complete our mission, **because of** your support.
   네 지원 덕분에 우리의 임무를 완수할 수 있었어.
4. **Because of** the heavy traffic, she was late for a meeting.
   교통체증 때문에 그 여자는 회의에 늦었어.
5. The weather outside is so hot. Is it **because of** global warming?
   바깥 날씨가 너무 덥네요. 이거 지구 온난화 때문인가요?

## 확인문제

**1** 우리는 과거에 실패했던 정책으로 되돌아갈 여유가 없습니다.
We c_____ a_____ t_ go backward to the failed policies of the past.

**2** 황송합니다!
H_____!

**3** 그건 우리 모두에게 달려 있어요.
It's u_ t_ all of us.

**4** 오늘 우리는 우리가 잃은 이들을 애도합니다.
Today we grieve f___ t_____ w___ we've lost.

**5** 따뜻한 인사말에 어찌할 바를 몰랐습니다.
I was o_____ b_ the kind words.

**6** 당쟁은 집어치웁시다.
Let's p___ a_____ partisanship.

**7** 변화는 당신 때문에 일어나는 겁니다.
Change happens b_____ o_ you.

■정답
1. can't / afford / to  2. Humbled  3. up / to  4. for / those / who  5. overwhelmed / by
6. put / aside  7. because / of

### 핵심 어휘

- **humble** 겸손한; 겸손하게 하다
- **partisanship** 당쟁
- **policy** 정책
- **job fair** 취업 박람회
- **selfless** 헌신적인(자신을 잊은)
- **attention** 관심
- **receive** 받다 (↔ send 보내다)
- **crowd and noise** 복잡함과 소음
- **past** 과거 (cf. present 현재, future 미래)
- **decided to** ~하기로 결심했다
- **employee** 직원
- **employer** 고용주
- **backward** 뒤로
- **forward** 앞으로
- **grieve** 슬퍼하다
- **quit** 관두다, 그만두다
- **complete** 완수하다
- **mission** 임무
- **perish** 사라지다
- **government** 정부
- **promotion** 승진
- **sacrifice** 희생하다
- **do one's best** 최선을 다하다
- **live up to ~** (가치)를 지키며 살다
- **global warming** 지구 온난화
- **heavy traffic** 교통정체
- **support** 지원

# Bill Gates

**빌 게이츠**

미국의 기업가. 폴 앨런과 함께 마이크로소프트사를 설립하였다. 퍼스널 컴퓨터(PC)의 운영체제 프로그램인 '윈도즈(Windows)' 시리즈를 출시하여 전 세계에 혁명적 전환을 일으켰다. 〈포브스 Forbes〉지에서 선정하는 세계 억만장자 순위에서 13년 연속 1위를 차지하였고, 2009년에도 1위에 올랐다. 2008년 이후로는 마이크로소프트사의 경영에서 공식 은퇴하여 자선활동에 전념하고 있다.

# have(has) been -ing

~를 해오고 있어요

### twitter

I've been spending time watching some of the courses on www.khanacademy.org — many of which are quite good.
www.khanacademy.org에서 강좌들을 몇 가지 보며 시간을 보내고 있는데요, 괜찮은 것들이 많아요.

### 현재완료진행 「have(has) been + -ing」 ~를 해오고 있어요

과거에 시작되어 아직 끝나지 않고 현재까지 계속되는 행위를 나타냅니다. 빌 게이츠는 트위터를 올리기 전부터 칸의 동영상을 보기 시작해 올릴 때까지도 보고 있는 상황입니다.

I **have been** read**ing** this book since last month.
지난달 이래로 이 책을 계속 읽고 있어요.

참고로 현재진행 시제(be + -ing)는 말하는 시점(now, at the moment 등)에 일어나고 있는 행위, 상황을 나타냅니다.

They **are** tweet**ing**. 그 사람들은 트위터를 하고 있어요.

1. I **have been** spend**ing time** tweet**ing** with my iPhone.
   내 아이폰 가지고 트위터를 하며 시간을 보내고 있어요.
2. He **has been** wait**ing for** her at th park.
   그는 공원에서 그녀를 기다리고 있어요.
3. She **has been** study**ing** English for most of her time.
   그 여자는 대부분의 시간 동안 영어 공부를 하고 있어요.
4. **Have** you **been** do**ing** the dishes in the kitchen?
   부엌에서 설거지만 해오고 있나요?
5. I **have been** chatt**ing** with my sister at home.
   집에서 여동생과 함께 노닥거리고 있어요.

# be+-ing

~하고 있어요

**twitter**

Film**ing** a segment w/my dad & sisters for *CBS Sunday Morning*. Talk**ing** about my dad's book. Airs on father's day.

〈CBS 선데이 모닝〉이라는 프로그램에 나갈 장면을 아버지와 누이들과 함께 촬영 중이에요. 아버지가 쓴 책(빌 게이츠 아버지의 자서전)에 대한 얘기도 하고 있고요. 아버지의 날에 방송됩니다.

 현재진행형 「be동사 + -ing」 ~를 하는 중이에요

실시간으로 글을 올리는 경우가 많은 트위터에서는 I am working.처럼 현재진행형이 자주 쓰입니다. 일반적으로 말하는 시점(now, at the moment 등)에 일어나고 있는 행위, 상황을 나타내죠. 일정 기간 동안 진행되고 있는 행위를 나타낼 때도 사용됩니다. 게이츠의 트위터에서도 볼 수 있듯, 트위터를 할 때는 주어와 be동사는 생략하고 -ing형으로 바로 시작하는 경우가 많아요.

1. It**'s** rain**ing**.
   비가 오고 있네요.
2. I **am** wait**ing** for my girlfriend.
   여자 친구를 기다리고 있는 중이에요.
3. They **are** tweet**ing** in the office.
   그 사람들은 사무실에서 트위터에 글을 올리고 있습니다.
4. **Is** he tweet**ing** right now?
   그 남자는 지금 트위터를 하고 있는 중인가요?
5. He **is** not sleep**ing** at the moment.
   그 남자는 지금 잠을 자고 있지 않습니다.

# in need

도움을 필요로 하는, 어려움에 처한

> **twitter**
>
> Back from truly great India trip — many partners (are) working to improve conditions for those who **in need**. Will post more pics and a trip video soon.
>
> 정말로 멋졌던 인도 여행에서 돌아왔어요. 어려움에 처해 있는 사람들의 생활을 개선시키려고 일하고 있는 동료가 많습니다. 사진과 여행 중 찍은 비디오를 더 올릴게요.

 **형용사, 부사처럼 쓰이는 「전치사 in + (추상)명사」**

in need는 뭔가 어려움에 처해서 '도움을 필요로 하는'이란 의미를 가진 형용사입니다. 그런데 「전치사 in + (추상)명사」의 형태로 부사처럼 쓰이는 경우도 많답니다. She died in peace.(그녀는 평화롭게 죽었습니다.)처럼 말이죠.

in beauty = beautifully 아름답게
in abundance = abundantly 풍요롭게
in time = early enough 시간에 맞춰
in peace = peacefully 평화롭게
in haste = hastily 서둘러

1. A friend **in need** is a friend indeed.
   어려울 때 친구가 진정한 친구다.
2. They are **in** urgent **need** of money.
   그 사람들은 급히 돈이 필요해.
3. This car is **in need** of repair.
   이 자동차는 수리를 해야 해.
4. He helped me **in** my hour of **need**.
   그 남자는 내가 곤란했을 때 나를 도와줬어.
5. She often helps others **in need**.
   그 여자는 어려운 사람들을 돕는 경우가 많아.

# as much as possible
## 가능한 한 많이

---

**twitter**

**Preparing for next set of field visits. I'll tweet & send pics from the field as much as possible.**

(빌 게이츠가 열정을 쏟고 있는 자원봉사 현지 탐사) 다음 현지 탐사 현장으로 떠나려고 준비 중이에요. 현장에 가서 가능한 한 많이 트위터도 올리고 사진도 보낼게요.

---

 **as ~ as possible**

「as + 형용사/부사 + as possible」은 '가능한 한 ~한' 이라는 뜻입니다.

as soon as possible 가능한 한 빨리        as much as possible 가능한 한 많이
as specific as possible 가능한 한 상세히   as early as possible 가능한 한 일찍

이때, 어떤 경우에 부사를 넣고 또 어떤 경우에는 형용사를 넣어야 할까요? 다음 문장에서 as ~ as possible을 지워버리고 원 문장을 볼까요? Kevin drove carefully. 가 되죠. 즉 다른 성분(as as possible)을 지우고 그 앞의 동사(drove)를 보면 문맥상 부사가 있어야 하는지 형용사가 있어야 하는지 알 수 있습니다.

**Kevin drove as** carefully(조심스럽게: 부사) **as possible.** 케빈은 가능한 한 조심스럽게 운전했다.

---

1  You need to exercise **as much as possible**. 가능한 한 운동을 많이 하세요.

2  The best way to improve listening ability is to watch English television, and listen to the radio **as much as possible**.
청취 실력을 기르는 가장 좋은 방법은 영어로 된 TV와 라디오를 가능한 한 많이 시청하고 듣는 것입니다.

3  Looking for place to stay for this semester **as soon as possible**.
이번 학기에 살 곳을 최대한 빨리 찾으려고 하고 있어요.

4  Please let me know the result **as soon as possible**.
그 결과를 저에게 최대한 빨리 알려주세요.

5  Please write your Twitter Bio **as simple as possible**.
트위터의 자기 소개란을 가능한 한 간단하게 적으세요.

# kick off

~를 시작합니다

> **twitter**
>
> **Kicking off** college tour next week — looking fwd to talking with students.
>
> 대학교 탐방을 다음 주 시작합니다. 학생들과 만나 얘기하는 게 기대되네요.
>
> *fwd는 트위터에서 사용되는 forward의 줄임말

 **스포츠 경기에서 비롯된 관용표현**

kick off는 축구 경기를 처음 시작할 때, 공을 가운데 두고 자기편으로 툭 차주면 경기가 시작된다는 데서 유래한 말로 '시작하다'라는 의미입니다.

'항복하다'라는 뜻의 throw in the towel도 권투 경기 도중에 링 안으로 수건을 던지면 경기가 중단되던 관행에서 유래됐습니다.

1. Let's **kick off**.
   자, 시작하자고요.
2. The world cup kicked off in the Republic of South Africa on Thursday.
   월드컵 게임이 목요일 남아프리카 공화국에서 시작됐습니다.
3. **Kicking off** learning English at such a young age is not a good idea.
   그렇게 어린 나이에 영어 공부를 시작하는 것은 좋은 생각이 아니에요.
4. I have been busy preparing for the festival which **kicked off** this week. 이번 주에 시작된 축제를 준비하느라 바빴어요.
5. Wifi service for this building is expected to **kick off** next month.
   이 빌딩의 와이파이 서비스는 다음 달부터 시작될 예정이에요.

# arrived at

~에 도착했어요

**twitter**

**Arriving at** our Foundation's Beijing office ....
우리 재단(빌 게이츠와 아내 메린다가 공동 설립한 기부재단) 베이징 사무소에 막 도착했네요.

 **arrive at과 reach 구별하기**

arrive at, reach는 '도착하다'의 의미로 사용됩니다. arrive at이 주로 장소에 도달한 것에 사용되는 데 반해 reach는 어떤 대상에 도달하는 것을 표현할 때 쓰입니다. We reached a conclusion.(우리는 결론에 도달했어요.)처럼 말이죠. 차이점이 한 가지 더 있어요. arrive는 자동사이기 때문에 뒤에 목적어(a conclusion)가 올 경우 꼭 in, at 등의 전치사가 필요합니다. 반대로 reach는 타동사이기 때문에 뒤에 전치사 없이 바로 목적어가 옵니다.

They arrived at the conclusion. = They reached a conclusion.
그들은 결론에 도달했습니다. (전치사 at이 arrive에만 들어감)

1. I **arrived at** the party earlier than I had expected.
   제가 예상했던 것보다 파티에 일찍 도착했어요.
2. We **arrived at** Seoul a little after five o'clock.
   우리는 다섯 시 조금 지나서 서울에 도착했어요.
3. From the day he **arrived in** Chicago, Kim has worked 14 hours a day. 시카고에 도착한 날부터, 김은 하루에 14시간씩 일했어요.
4. Has Twitter's popularity **reached** its peak?
   트위터의 인기가 정점에 도달했나요?
5. I have tried to **reach** you several times with no success.
   당신과 연락하려고 여러 번 시도했었는데, 안 됐어요.

# get used to+(동)명사

~에 익숙해지다

### twitter

**It does take a while to get used to the 140 character limit.**
트위터의 140자 제한에 익숙해지는 데에는 시간이 좀 걸려요.

 **알아두면 유용한 used 관련 동사구 표현들**

get used to는 '~에 익숙해지다'는 뜻이에요. 이때 to는 전치사이기 때문에 뒤에는 명사나 동명사를 써야 하죠. 「be used to + -ing」나 「be accustomed to +-ing」도 같은 의미랍니다. 빌 게이츠의 졸업식 축사 중에 Life is not fair. Get used to it.(인생은 공평하지 않습니다. 그것에 익숙해지세요.)이라는 말이 있습니다. 그러고 보니 이분은 get used to라는 표현의 마니아인 듯하네요. 말 나온 김에 used가 사용된 다른 표현들도 알아볼까요?

「**be used to + 동사원형**」 ~하는 데 쓰이다
It **is used to** write something. 그것은 무언가를 작성하는 데 쓰여요.

「**used to + 동사원형**」 예전엔 ~했어요
There **used to** be a house here. 예전에는 여기에 집이 한 채 있었어요.

### 강조의 do

일반동사 앞에 do, does, did 등을 넣어 전달하고자 하는 바를 강조해줄 수 있습니다. It does take a while.처럼 does를 넣어 시간이 정말 걸린다고 강조한 것이죠.

1. He **got used to** working on a personal computer in offices.
   그 남자는 사무실에서 컴퓨터를 사용해 일하는 것에 익숙해졌어요.
2. Can't **get used to** losing you.
   당신을 잊을 수가 없네요.
3. You may as well **get used to** this hard work.
   이 힘든 일에 익숙해지는 게 나을 거예요.

## 확인문제

**1** 강좌 몇 개를 보며 시간을 보내고 있어요.

I h____ b____ s_____ time watching some of the courses.

**2** 〈CBS 선데이 모닝〉이라는 프로그램에 나갈 장면을 아버지와 누이들과 함께 촬영 중이에요.

I a_ f_____ a segment w/my dad & sisters for *CBS Sunday Morning*.

**3** 어려움에 처해 있는 사람들의 생활을 개선시키려고 일하고 있는 동료들이 많습니다.

Many partners (are) working to improve conditions for those who i_ n____.

**4** 현지로부터 가능한 한 많은 사진을 보낼게요.

I'll send pics from the field a_ m____ a_ p_____.

**5** 대학 탐방을 다음 주부터 시작합니다.

K_____ o___ college tour next week.

**6** 우리 재단 베이징 사무소에 막 도착했네요.

A_____ a_ our Foundation's Beijing office.

**7** 140자 제한에 익숙해지는 데는 시간이 좀 걸립니다.

It does take a while to g___ u____ t_ the 140 character limit.

■ 정답
1. have / been / spending  2. am / filming  3. in / need  4. as / much / as / possible
5. Kicking / off  6. Arriving / at  7. get / used / to

**Bill Gates**

■ 핵심 어휘

course (수업의) 강좌
alone 혼자
film 촬영하다
segment 한 부분
at the moment 현재에
condition 상태
in need 필요로 하는

take a while 시간이 좀 걸리다
character 문자
blame 비난하다
abundance 풍부함
may as well ~하는 게 낫다
choice 선택
slim 날씬한

improve 향상시키다
ability 능력
semester 학기
result 결과
festival 축제
expect 기대하다

# Paulo Coelho

**파울로 코엘료**

브라질 출신의 전 세계적으로 인기 있는 신비주의 작가. 한국에서도 인기가 높다. 대표작은 세계 20여 개 국어로 번역된 〈연금술사〉를 비롯하여 〈피에트라 강가에서 나는 울었네〉, 〈악마와 미스 프랭〉, 〈오 자히르〉, 〈흐르는 강물처럼〉, 〈승자는 혼자다〉, 〈브리다〉 등이 있다.

# in my opinion

제 생각으로는

> **twitter**
>
> **In my opinion**, *Vicky Cristina Barcelona* is one of the 2008 most boring movies.
> 제 생각으로는, 2008년에 나온 가장 지루한 영화 중 하나는 〈빅키 크리스티나 바로셀로나〉인 것 같아요.

 **IMO가 뭘까요?**

in my opinion은 내 의견을 상대방에게 알리고 싶을 때 사용합니다. 트위터나 인터넷 상에서는 IMO로 짧게 줄여 쓰기도 하죠. 비슷한 표현으로 in my humble opinion(변변치 못한 제 생각으로는)은 IMHO로 쓰기도 하고요.

### 지루함의 차이 boring *vs.* bored

boring은 지루함을 주는 쪽, 그리고 bored는 지루함을 당하는 쪽이라고 알아두면 편하게 이용할 수 있습니다.
The movie was **boring**. 그 영화는 지루했어. (지루하게 만든 것이 영화)
I was **bored**. 지루했어. (영화가 날 지루하게 만들었어. 지루함을 당하는 쪽)

1 **In my opinion**, spending too much on the Internet is bad for children.
   제 생각에는, 인터넷에 너무 시간을 많이 쓰는 것은 아이들에게 좋지 않은 것 같아요.
2 **In my opinion**, the singer must make a sincere apology to the public about his mistake.
   제 생각에는, 그 가수는 자신의 실수에 대해 대중들에게 진심 어린 사과를 해야 한다고 생각해요.
3 **IMO**, this movie sucks. 제 생각인데, 이 영화 정말 형편없네요.
4 **IMO**, the best way to attract many followers into your Twitter is posting funny stuff to everyone.
   제 생각에는, 당신의 트위터에 팔로워를 많이 끌어들이는 최고 방법은 바로 누구에게나 재미있는 것을 올리는 거예요.
5 **IMO**, English learning should not be a goal but a tool.
   제 생각인데, 영어 공부는 수단이어야지 목적이 되어서는 안 돼요.

# be disappointed with ~

## ~ 때문에 실망했어요

> **twitter**
>
> We need patience to wait for the right moment and courage not to **be disappointed with** what we encounter.
> 우리는 살아가면서 '때'를 기다릴 줄 아는 참을성과 삶에서 겪게 되는 것들로 인해 실망하지 않을 용기가 필요합니다.

 **disappoint의 수동과 능동**

실망하다, 실망시키다라는 의미로 익숙한 disappoint는 「be disappointed with + 대상」처럼 수동 형태로 쓰이며 대상(이유)에 대해 실망했다는 의미입니다. 상황에 따라 with 대신에 in, at, about 같은 전치사를 넣기도 합니다. 능동 형태는 전치사(in, at, with)만 없애면 됩니다.

The child **disappointed** his mother. 그 아이는 어머니를 실망시켰습니다.

### 트위터에 활용 가능한 다의어

patient 참을성 있는; 환자　　cause 원인; 유발시키다　　current 현재의; 흐름
face 얼굴; 직면하다　　　　　fortune 행운; 재산　　　　major 주요한; 전공

---

1. Students should not **be disappointed with** their test scores.
   학생들은 시험 점수에 실망해서는 안 됩니다.
2. I **am disappointed with** the results of the game but not disappointed with the way our players played.
   저는 경기 결과에는 실망했지만 우리 선수들이 뛴 방식에는 실망하지 않았어요.
3. English learners should not **be disappointed** although mistakes in speaking. 영어 학습자들은 영어 말하기에서 실수를 하더라도 실망해서는 안 됩니다.
4. She **was disappointed** at the result. 그녀는 결과에 실망했다.
5. The player made all efforts not to **disappoint** his fans.
   그 선수는 팬들을 실망시키지 않기 위해 모든 노력을 다 했습니다.

# have everything to do with ~
## ~와 밀접한 관련이 있어요

To all who asked my favorite 2008 movie: *Revolutionary road*. (It has) **Everything to do with** my books.

2008년 제가 가장 재밌게 본 영화를 물어본 모든 분들께: 가장 재밌게 본 영화는 〈혁명의 길〉이에요. 제 책들과 밀접한 관련이 있거든요.

### '관련이 있다, 없다'를 나타내는 표현

관련이 있다: have(has) something to do with

밀접한 관련이 있다: have(has) everything to do with

아무런 관련이 없다: have(has) nothing to do with

A: Who broke this window?
B: I **had nothing to do with** it. Why don't you ask John?
A: 누가 창문 깼니?
B: 전 모르는 일이에요(저는 아무런 상관없어요). 존한테 물어보지 그러세요?

1. The popularity of Twitter **has everything to do with** the development of smart phones. 트위터의 인기는 스마트폰의 발전과 밀접한 연관이 있어요.
2. The reason he succeed in the company **has everything to do with** his hard work. 그 남자가 회사해서 성공했던 이유는 열심히 일한 것과 밀접한 관련이 있어요.
3. Beer and soju **have something to do with** getting fat.
맥주와 소주는 살찌는 것과 관련이 있어요.
4. She **doesn't have anything to do with** me.
그 여자는 나와 아무런 관련이 없어요.
5. His proposal **has nothing to do with** this meeting.
그 남자의 제안은 이 회의와 아무런 관련이 없어요.

# be worth +-ing

~할 가치가 있어요

If it's still in your mind, it **is worth** (of) tak**ing** the risk.
만약 그게 아직 당신 마음에 남아 있다면, 그건 위험을 감수할 가치가 있어요.

### 외워둘 만한 가치가 있는 「it is worth 명사/-ing」

~해볼 만해, ~할 만한 가치가 있어라는 표현은 「it is worth -ing」과 「it is worthy + 명사」
형태를 사용합니다. ~할 가치가 없어요라고 할 때는 worth 앞에 not만 넣으면 됩니다.

**This book is worth** read**ing**. 이 책은 읽어볼 가치가 있습니다.
**It is worth** a try. 시도해볼 가치가 있어요.
**It is worth** investment. 투자할 가치가 있어요.
**It's not worth** a try. 시도할 가치가 없어요.
**This car is not worth** buy**ing**. 이 차는 살 가치가 없어요.

### '위험을 감수하다, 무릅쓰다' 관련 표현

I decided to take a risk. 위험을 무릅쓰기로 결심했어요.
I decided to roll the dice. (주사위를 던지기로 결심했어요.) 큰 위험을 무릅쓰기로 결심했어요.
I decided to (skate/walk) on thin ice.
(살얼음판을 걷기로 결심했어요.) 큰 위험을 무릅쓰기로 결심했어요.

1 **Is** plastic surgery **worth** risk**ing** the patient's life?
  환자의 생명의 위험을 무릅쓰고 성형수술을 할 만한 가치가 있을까요?
2 The movie **is worth** see**ing** again. 그 영화는 다시 볼 가치가 있어요.
3 His book **is worth** read**ing**. 그 남자의 책은 읽어볼 가치가 있어요.
4 Quitting smoking **is worth** consider**ing** for people's health.
  금연하는 것은 건강을 위해서 가치 있는 일이에요.
5 **Is** it **worth** spend**ing** time on Twitter?
  트위터에 시간을 보내는 일이 가치가 있는 일일까요?

## 확인문제

**1** 제 의견으로는, 그 영화는 2008년 영화 중에서 최악이에요.

I_ m_ o_____, the movie is one of the 2008 most boring movies.

**2** 우리는 우리가 직면하는 것들로 인해 실망하지 않을 용기가 필요합니다.

We need courage not to b_ d_____ w____ what we encounter.

**3** 제 책들과 밀접한 관련이 있어요.

Everything t_ d_ w____ my books.

**4** 그것은 위험을 무릅쓸 가치가 있어요.

It is w_____ taking the risk.

■ 정답
1. In / my / opinion   2. be / disappointed / with   3. to / do / with   4. worth

■ 핵심 어휘

| | | |
|---|---|---|
| boring 지루한 | patience 참을성 | proposal 제의, 제안 |
| sincere 진실한 | moment 순간 | get fat 살이 찌다 |
| apology 사과 | courage 용기 | take a risk 위험을 무릅쓰다 |
| public 공공의 | encounter 만나다, 직면하다 | quit 그만두다 |
| suck 형편없다 | make a mistake 실수하다 | consider 고려하다 |
| attract 끌다 | loneliness 외로움 | plastic surgery 성형수술 |
| goal 목표 | why don't you ~? | |
| tool 수단 | ~하는 게 어때요? | |

# Arnold Schwar-zenegger

**아놀드 슈왈제네거**

미국의 캘리포니아 주 주지사. 보디빌더 출신이며, 영화 〈코난〉을 시작으로 할리우드 영화배우로 활약하며 최근까지도 최고 흥행배우로서의 위치를 지키고 있다. 영화 〈터미네이터〉 시리즈로 유명하다.

# A surprised B

A가 B를 깜짝 놀라게 했어요

> **twitter**
>
> My staff at the Capitol **surprised** me today. Great birthday party + cake = an hour in the gym.
>
> 주의회 의사당에 근무하는 제 직원들 때문에 제가 오늘 놀랬어요.
> 멋진 생일파티 + 케이크 = 헬스장에서 한 시간(너무 많이 먹어서요.)

### '사람을 놀라게 한다'는 의미의 surprise

surprise는 '누구를 깜짝 놀라게 한다'는 의미예요. 따라서 A surprised B라고 하면 'A가 B를 깜짝 놀라게 했다'는 거니까, 결국 'A 때문에 B가 깜짝 놀랐다'는 의미인 거죠. be surprised at/by처럼 수동 형태로도 많이 쓰이는 동사랍니다.
surprising party(깜짝 파티), surprising visit(깜짝 방문) 같은 관용표현을 만들어내기도 하죠. surprise는 명사로 쓰일 때는 주로 to one's surprise(놀랍게도)의 부사구 표현으로 활용됩니다.

1 The news **surprised** me.
그 뉴스 때문에 저는 놀랐어요.
2 We **were** all **surprised by** the announcement of the president.
우리는 사장님의 발표에 모두 놀랐어요.
3 People **were surprised at** the player's decision to retire.
사람들은 그 선수의 은퇴 결정에 깜짝 놀랐어요.
4 My friend made a **surprising visit** to my house last night.
간밤에 친구가 우리 집에 와서 깜짝 놀랐어요.
5 **To my surprise**, John and Jane decided to break up.
놀랍게도, 존과 제인이 헤어지기로 결심했대요.

| Arnold Schwarzenegger |

# it's great to+동사원형

~하게 되니 너무 좋네요

### twitter

At one of my favorite restaurants, Elaine's. **(It's) Great to** be back at a place where I've come since the 70s and met so many fantastic people.
제가 제일 좋아하는 식당인 일레인에 왔어요. 1970년대 이래 멋진 분들을 많이 만났던 장소에 다시 오게 되니 너무 좋네요.

 **it's great to ~의 변주**

'~하게 되니 너무 좋다'는 말은 「it's great to + 동사원형」으로 표현할 수 있습니다. '~해서 너무 좋았다'라고 지난 일에 대해 말할 때는 it's만 it was로 바꿔주면 되죠. 그렇다면 '이렇게 되면 너무 좋을 텐데'처럼 일어나지 않을 일에 대해 상상할 때는 어떻게 표현하면 될까요? 그럴 때는 이 표현을 가정법 형태로 살짝 바꿔서 「It would be great if + S + V」로 말해주면 된답니다.

전치사 at 다음에 현재 있는 장소만 넣어주면 '~에 있어요'라는 의미를 표현할 수 있습니다. 이때 a나 the 같은 관사는 생략해도 무방합니다.
I am at the hospital right now → At hospital. 병원에 있어요.

1 **It's great to** tweet with you in real time.
당신과 실시간으로 트위터를 하니 너무 좋네요.

2 **It's great to** be followed by many people.
많은 사람들이 팔로우를 해주니 너무 좋네요.

3 **It was great to** run into you here.
여기서 당신을 우연히 만나서 너무 좋았어요.

4 **Isn't it great to** get access to the Internet at any time thanks to smartphones? 스마트폰 덕분에 인터넷에 언제든지 접속할 수 있으니 너무 좋지 않나요?

5 **It would be great if** there is no car in our school.
만약 우리 학교에 차가 하나도 없다면 너무 좋을 것 같아요.

# congratulations to+사람

~를 축하합니다

### twitter

**Congratulations to** John, who works in my mailroom, on the medals he won this wkend.

우편물실에 근무하는 존을 축하해주세요. 이번 주말에 상들을 받아왔답니다.

*지적 장애인 존을 주지사 사무실에 고용하여 캘리포니아 주의 장애인 고용을 늘리고자 하는 슈왈제네거가 주말에 자원봉사로 상을 받은 존을 축하하는 트위터를 올리며
**wkend는 트위터에서 쓰이는 weekend의 줄임말

 **축하를 전하는 표현 congratulations**

어떤 '사람'을 축하하고 싶으면 congratulations 다음에 to를 넣고 축하받는 사람을 넣습니다. 어떤 '일'을 축하하고 싶으면 congratulations 다음에 on을 넣고 그 축하하고 싶은 일을 넣으면 되죠. 이때 congratulation에는 반드시 -s가 붙는다는 사실, 주의하세요. congratulations는 줄여서 congrats라고도 합니다.

1. **Congratulations to** all Korean women soccer team.
   한국 여자축구 대표팀 모두 축하합니다.
2. **Congratulations to** John for passing the exam.
   시험에 합격한 존을 축하합니다.
3. **Congrats to** Mr. Kim for being one of the best employees of the year. 올해의 사원 중 한 명으로 선발된 미스터 김에게 축하의 인사를 보냅니다.
4. **Congrats to** you for your tweet has been RTed a lot today.
   오늘 당신 글이 엄청 RT(재전송)되었다면서요. 축하해요.
5. **Congratulations on** promotion.
   승진 축하해요.

# love+-ing
## ~하는 거 엄청 좋아하다

### twitter
**Here's a close-up. I always love talking with Secretary Shultz.**
가까이 찍은 사진(클로즈업)이 여기 있네요. 슐츠 비서관이랑 대화하는 거 너무 좋아요.

 '~하는 것을 좋아하다' 관련 표현

「love -ing」 ~하는 것을 좋아하다

「be into -ing」 혹은 「be into + 명사」 ~를 좋아한다(be동사 + into가 love 같은 의미로 쓰임)

#### up으로 완성되는 동사
break up 헤어지다     close up 가까이 다가가다     pick up 차에 태워오다
give up 포기하다     make up 화해하다     look up 찾다

1. I **love** surf**ing** the Internet.
   인터넷 하는 거 엄청 좋아해요.
2. I **love** listen**ing** to songs from the 80's.
   저는 80년대 음악 듣는 걸 엄청 좋아해요.
3. She doesn't like eating out. She **loves** eat**ing** at home.
   그 여자는 외식하는 걸 안 좋아해요. 집에서 먹는 걸 엄청 좋아해요.
4. Do you **love** tweet**ing**?
   트위터하는 거 좋아하세요?
5. Do you **love** play**ing** sports?
   운동하는 거 좋아하세요?

# keep+사람+updated(posted)

~에게 바로바로 알려주다

### twitter

Over Anchorage, AK. Looking everywhere but can't see Russia from here. Will **keep** you **updated** as search continues.

알래스카 주 앵커리지 상공입니다. 아무리 둘러봐도 여기서는 러시아가 안 보이네요. 계속 찾으면서 바로바로 알려드릴게요.

*러시아 출장 중인 슈왈제네거

 **keep someone updated 최신정보를 계속 공급하다**

keep이 '어떠한 상태를 유지하다'란 뜻이므로 「keep + 사람 + updated」는 '누구를 계속 업데이트시킨다', 즉 '누구에게 최신 정보를 계속 알려준다'란 의미입니다. updated 대신 posted를 써도 같은 의미이죠.

1. I will **keep** you **posted** of the progress.
   일에 진전이 생기면 바로바로 알려드릴게요.
2. I will **keep** you **updated** with what is happening.
   일이 어떻게 되어가는지 바로바로 알려드릴게요.
3. Please **keep** me **updated**.
   일이 생기면 저한테 바로바로 알려주세요.
4. Please **keep** us **posted** about the result of your interview.
   당신의 인터뷰 결과를 우리한테 바로바로 알려주세요.
5. Can you **keep** me **posted** regarding any changes in our schedules?
   혹시 우리 스케줄에 변화가 생기면 저한테 바로바로 알려줄 수 있나요?

# hand out

~를 나누어주다

### twitter

**Handing out** California fruit in Hangzhou.
항저우(중국의 도시)에서 캘리포니아 과일을 나누어주고 있어요.
*슈왈제네거 주지사가 중국을 방문하여 중국 명절에 맞춰 과일을 나눠주는 사진에 대한 설명

 **'나누어주다' 관련 표현**

hand out은 나누어주다라는 뜻인데, 한 단어로 붙여 handout이라고 쓰면 프린트된 형태로 나눠주는 '출력물', '유인물'을 뜻합니다. 프린트는 콩글리시죠.

**hand out** 나누어주다, 퍼뜨리다
Never **hand out** your password. 비밀번호를 유출하지 마세요.

**pass around** 나누어주다
Help yourself to some pizza, and then **pass** it **around**.
먹을 만큼 피자를 집은 후에, 다른 사람에게 돌려주세요.

1. They are **handing out** flyers.
   그 사람들은 광고 전단지를 나누어주고 있어요.
2. Some companies are **handing out** free smartphones to their loyal customers. 어떤 회사에서는 단골 고객들에게 스마트폰을 무료로 나눠주고 있어요.
3. We **handed out** cakes to the people in the park.
   우리는 공원에 있는 사람들에게 케이크를 나눠줬어요.
4. Free English newspapers are being **handed out** on the street.
   무료 영자신문들이 거리에서 배포되고 있습니다.
5. When will you **hand out** the report on the current market?
   현재 시장에 대한 보고서 언제 줄 거예요?

# may have+과거완료

~했을지도 몰라요

### twitter

That's right @kyamamura, we **may have taken** off at 3, but we have wifi on the plane and I'm watching you.

맞습니다. 카이마무라 님. 우리 비행기가 3시에 이륙했을지도 모르겠네요. 근데 비행기에는 와이파이가 된답니다. 당신을 보고 있어요.

*'3시에 비행기가 이륙을 했다는 것을 알고 있는데 어떻게 3시를 얼마 넘기지 않아 트위터에 업데이트하셨나요?'라고 묻는 팔로어의 질문에 대한 답변

 **과거 사실에 대한 추측은 「may have + p.p.」로!**

슈왈제네거가 정확한 이륙 시간을 몰라 이륙 시간(과거)에 대해 '3시에 이륙했을지도 모르겠네요'라며 추측성 발언을 하고 있네요. '~했을지도 모르겠다'며 과거의 일에 대한 추측을 할 때는 슈왈제네거처럼 「may have + p.p.」를 사용해보세요. '~일지도 모르겠다'는 뜻의 현재 사실에 대한 추측은 「may + 동사원형」을 쓰면 되고요.

The manager may come to the meeting. 매니저가 회의에 올지도 몰라요.

1  The puppy **may have eaten** the rock.
   강아지가 그 돌을 먹었을지도 몰라요.

2  She **may have been** ill.
   그 여자가 아팠을지도 몰라요.

3  The climber **may have failed** to conquer the mountain.
   그 산악인이 정상 정복에 실패했을 수도 있어요.

4  Another person **may have seen** the accident in window.
   다른 사람이 창문으로 그 사고를 목격했을 수도 있어요.

5  The wallet **may have been** stolen.
   그 지갑이 도난당한 것일 수도 있어요.

## 확인문제

**1** 직원이 오늘 저를 놀라게 했어요.

My staff s_____ m_ today.

**2** 다시 오게 되서 너무 좋네요.

G_____ t_ b_ back.

**3** 존을 축하해주세요.

C_____ t_ John.

**4** 슐츠 비서랑 얘기하는 게 너무 좋아요

I always l____ t_____ with Secretary Shultz.

**5** 바로바로 알려드릴게요.

I will k____ y___ u_____.

**6** 항저우(중국의 도시)에서 캘리포니아 과일을 나누어주고 있어요.

H_____ o___ California fruit in Hangzhou.

**7** 우리가 3시에 이륙했을지도 몰라요.

We m___ h____ t_____ off at 3.

■정답
1. surprised / me  2. Great / to / be  3. Congratulations / to  4. love / talking
5. keep / you / updated  6. Handing / out  7. may / have / taken

## 핵심 어휘

**staff** (집합명사) 직원들
**capitol** 의회, 주의회
**gym** 체육관
**to one's surprise** 놀랍게도
**in real time** 실시간으로
**get access** 접근하다
**at any time** 언제든지
**surf the Internet** 인터넷 검색하다
**progress** 진보
**regarding** ~에 관해서
**loyal** 충성스러운
**conquer** 정복하다
**exhibit** 전시하다
**irresponsible** 무책임한
**bear in mind** 명심하다

# Alfred Pacino

**알 파치노**

영화배우. 비장감이나 애수에 찬 연기가 보는 사람을 압도한다. 영화 〈대부〉 시리즈로 유명하며, 영화 〈여인의 향기〉로 아카데미 남우주연상을 수상했다.

# every now and then

가끔은 ~한답니다

### twitter

**Opening all the windows in the house, every house needs a good airing every now and then.**
집 안의 창문들을 모두 열고 있어요. 집은 모두 가끔은 환기를 잘 시켜줘야 한답니다.

 **'때때로'에 해당하는 부사들**

형용사, 동사, 혹은 부사를 수식해주는 것을 부사라고 합니다. 알 파치노의 트위터에서는 '~을 필요로 해요'라는 동사를 꾸며주는 every now and then이 부사입니다. 동일한 표현으로는 sometimes, occasionally, from time to time, once in a while이 있고, 모두 '때때로'로 해석되죠.

### 빈도부사

always 항상 > usually 보통 > often 자주, 종종 > sometimes 가끔, 때때로 > seldom 좀처럼 ~하지 않는 > rarely, hardly 거의 ~하지 않는 > never 절대(결코) ~하지 않는

1. I check my email **every now and then**.
   가끔 제 이메일을 확인하죠.
2. I think of her **every now and then**.
   난 가끔 그 여자 생각을 하죠.
3. I like tweeting in English **every now and then**.
   가끔은 영어로 트위터하는 것을 좋아해요.
4. **Every now and then** I get a feeling like I've left something on my house.
   가끔 내가 집에 뭔가를 놓고 왔다는 느낌이 들어요.
5. **Every now and then** I feel I am a little helpless.
   가끔은 제가 무력하다는 생각이 들어요.

# believe it or not
믿거나 말거나, 못 믿으시겠지만

## twitter
**I was at that before once, believe it or not, you will love it.**
저도 예전에 한 번 거기에 가봤는데요. 믿지 않겠지만, 가보면 좋아하게 될 거예요.

 **사실을 더욱 강조해주는** believe it or not

believe it or not은 대화의 상대방이 예상치 못하거나 믿기 힘든 이야기를 꺼낼 때 사용됩니다. 거짓말이라고 생각할 정도 혹은 못 믿을 정도의 놀라운 진짜(사실)를 강조할 때 사용하는 표현이라고 기억하면 편합니다. 사용하는 위치는 문장의 앞 뒤 모두 가능합니다.

**Believe it or not**, he got promoted. = He got promoted, **believe it or not**.
믿기 힘들겠지만 그가 승진했어요.

### once의 변신
알파치노의 트위터에서 once는 한 번이라는 의미의 부사로 동사를 꾸며줍니다. 또한 once는 '일단'이라는 의미의 접속사로도 사용됩니다.

**Once** I start eating the Tteokbokki, it's hard for me to stop
일단 떡볶이를 먹기 시작하면 좀처럼 멈출 수가 없어요.

1 **Believe it or not**, I didn't steal anything.
   믿든지 말든지 간에 우리는 어떤 것도 훔치지 않았어요.
2 **Believe it or not**, he graduated from the university with honors.
   믿기 힘드시겠지만, 그 남자는 그 대학교를 우등으로 졸업했어요.
3 I have never seen snow in my life. **Believe it or not**.
   태어나서 눈을 본 적이 한 번도 없어요. 믿든지 말든지.
4 **Believe it or not**, the substitute made three goals in the second half. 믿기 힘들겠지만, 그 후보 선수가 후반전에서 3골을 넣었어요.
5 **Believe it or not**, I was good at dancing when I was young.
   안 믿겠지만, 나 어릴 때는 춤 아주 잘 췄어요.

# post up

(게시판이나 웹상에) ~을 올리다

---

**I'll post up a few of the different responses to the best web pages up here when I check them out.**
가장 우수한 웹페이지에 대한 여러분의 반응을 확인해보고 몇 가지를 여기에 올릴게요.

### 🂡 세상이 바뀌면서 활용 영역이 확장된 post up

post up은 이전에는 벽에 붙은 게시판에 공지사항을 올린다는 표현으로 주로 쓰였으나, 인터넷이 상용화되면서부터는 자신의 글 혹은 사진 등을 웹에 올린다는 의미로 더 자주 사용되고 있습니다. 이 경우, upload를 써도 같은 의미이죠.

By **uploading** your picture on Twitter, others will be able to see your pictures.
트위터에 사진을 올리면 다른 사람들이 당신의 사진을 볼 수 있어요.

---

1. **Post up** the comments after class about the movie.
   수업이 끝나면 그 영화에 대한 평을 올리세요.
2. I will **post up** pictures of you on my facebook.
   내 페이스북 사이트에 네 사진을 올릴게.
3. The netizen **posted up** more than 100 messages a day to criticize the singer. 그 네티즌은 그 가수를 비난하는 글을 하루에 100여 개 올렸어요.
4. Could you please **post up** the movie script?
   그 영화 대본을 좀 올려줄 수 있나요?
5. Warning signs have now **been posted up** at the dangerous site.
   경고 표지가 그 위험장소에 세워졌습니다.

# I can't believe 주어+동사

~라는 게 믿어지지가 않아요

**twitter**

**(I) Can't believe** I've only updated this 30 times, seems so much more.
30번밖에 업데이트를 안 했다는 게 믿어지지가 않네요. 훨씬 더 많이 올린 것 같은데.

 **수동태로 쓸 수 없는 seem!**

'더 많이 올린 것처럼 보이는데'라는 의미에서 is seemed라고 써야 할 것 같지만 절대 그러면 안 됩니다. 동사의 태에는 수동과 능동이 있는데, 능동은 주어가 행하는 것이니 수동은 주어가 당하는 것이겠죠? 모든 동사를 「be동사 + 과거분사」의 수동태로 만들 수 있는 게 아닙니다. look, seem, appear, occur, consist of와 같이 목적어를 바로 갖지 않는 자동사들은 수동태 꼴로 쓰는 게 불가능합니다. 꼭 외워두길.

1 I **can't believe** we lost this game.
  우리가 게임에서 지다니 믿어지지가 않아요.
2 I **can't believe** I'm sitting right next to the movie star.
  영화배우 옆에 앉아 있다는 게 믿어지지가 않아요.
3 I **can't believe** it is already the end of this year!
  벌써 연말이라는 게 믿어지지가 않아요!
4 I **can't believe** I ate all the food.
  내가 음식을 다 먹어치웠다는 게 믿어지지가 않아요.
5 I **can't believe** he killed himself.
  그 남자가 자살했다는 게 믿어지지가 않아요.

# 확인문제

**1** 집은 모두 가끔은 환기를 잘 시켜줘야 한답니다.

Every house needs a good airing e_____ n___ a___ t____.

**2** 믿지 않겠지만, 저도 예전에 한 번 거기에 가봤어요.

I was at that before once b_____ i_ o_ n__.

**3** 다른 반응 몇 가지를 여기에 올릴게요.

I'll p____ u_ a few of the different responses.

**4** 30번밖에 업데이트를 하지 않았다는 게 믿어지지가 않네요.

C_____ b_____ I've only updated this 30 times.

■ 정답
1. every / now / and / then   2. believe / it / or / not   3. post up   4. Can't / believe

■ 핵심 어휘
| | | |
|---|---|---|
| **airing** 환기 | **second half** 후반전 | **warning** 경고 |
| **helpless** 무기력한 | **first half** 전반전 | **script** 대본 |
| **graduate** 졸업하다 | **response** 반응 | **instead of** ~ 대신에 |
| **graduate with honors** 우등으로 졸업하다 | **comment** 논평 | **next to** ~ 옆에 |
| | **more than** ~이 넘는 | **do one's best** 최선을 다하다 |
| **substitute** 후보 선수 | **criticize** 비평하다 | |

# Shaquille O'Neal

**샤킬 오닐**

미국 NBA 보스턴 셀틱스에서 활약하고 있는 프로 농구 선수이다. 슬램덩크가 뛰어난 스타플레이어다. NBA 역사상 가장 위력적인 센터 중의 한 명으로 평가된다. 한때 랩퍼이기도 했다.

# be tired of ~

~가 지긋지긋해요

### twitter

**I'm tired of** hearing about money, money, money, money, money. I just want to play the game, drink Pepsi, wear Reebok.
돈, 돈, 돈 소리 듣는 거 지긋지긋해요. 그냥 시합에 나가고 펩시콜라나 마시고 리복 운동화를 신을 수 있다면 그걸로 족하답니다.

 '~이 싫어요'를 뜻하는 표현

That's not my cup of tea. = That's not my type.
그런 것은 싫어요. (사람, 사물, 일 등 모두 사용 가능)

I am sick and tired of ~ ~는 넌더리나게 싫어요(I am tired of ~보다 어감이 강한 말)

I hate ~ ~이 싫어요

I don't like ~ ~을 안 좋아해요

1. **I am tired of** you.
   나는 네가 지겨워.
2. **I am sick and tired of** going to work every day.
   난 매일 일하는 가는 게 넌더리가 나.
3. **I am sick and tired of** our office's Internet access. It is too slow.
   우리 사무실에서 인터넷 접속하는 거 짜증나서 미쳐버리겠어요. 너무 느려요.
4. If you**'re sick and tired of** your present situation, you can make changes.
   지금 상황에 넌더리가 난다면 당신은 그것을 변화시킬 수 있습니다.
5. **Are** you **sick and tired of** feeling fatty? Then why don't you start exercising? 자신이 뚱뚱하다는 느낌이 드는 게 끔찍하신가요? 그럼 운동을 시작해보는 건 어떨까요?

# Guess wh- ~
~인지 맞혀보세요

### twitter

**Guess where** im goin tonite?

제가 오늘 밤 어디 가는지 맞혀보세요.

*트위터나 인터넷 채팅에서는 I'm/going/tonight을 im/goin/tonite으로 간편하게 표기하는 일이 잦음

 **알아맞혀보라고 할 때 쓰이는 guess**

'추측하다, 알아맞히다'는 뜻의 guess를 문두에 쓰면 '~를 알아맞혀보라'는 의미가 됩니다. 뒤에는 주로 who, where 등과 같은 의문사가 이끄는 절이 오죠. 또, Guess ~?라는 질문으로 쓰이기도 하는데, 이것은 Can you guess ~?(~를 알아맞힐 수 있겠어요?)를 줄인 형태입니다. guess는 명사로도 쓰여서 take a guess의 형태로도 활용됩니다.

Take a wild guess.는 대충 (때려) 맞춰보세요라는 의미인데, 비슷한 표현으로 ballpark figure가 있습니다. ballpark는 '야구 경기장'을 말하죠. 과거에는 경기장의 정확한 관중 집계가 어려워 어느 정도 찼는지 정도의 짐작만 가능했는데, 바로 그때 사용된 표현이 ballpark figure(야구 경기장 관람객 숫자)였어요. 야구 경기에서 사용되었던 용어가 일상 생활에서 '어림잡은 수치'라는 의미의 관용표현으로 굳어진 경우랍니다.

1 **Guess where** I am.
   내가 어디 있는지 맞혀보세요.

2 **Guess who** (I am)?
   내가 누구게?

3 **Guess who** I ran into in this morning!
   오늘 오전에 내가 누굴 우연히 마주쳤는지 맞혀봐!

4 **Guess which** teams are more popular.
   어느 팀이 더 인기 있는지 맞혀보세요.

5 **Guess what**?
   너 혹시 그거 알아? (화제를 꺼내기에 앞서 주의를 환기시키기 위해 하는 말)

# haven't+과거완료+since ~

~ 이래로 하지 않았어요

### twitter

u win I can't play. **I haven't played since** Sega shhhhh I'm old.
당신이 이길 거예요. 저는 할 줄 몰라요. 저는 세가(구식 오락 게임) 이후로는 게임을 안 했거든요. 비밀인데, 저 나이 많답니다.

*Why don't you come and get whooped up in NBA2K11?
(우리 집에 와서 NBA2K11(최신 농구 게임)을 하면서 재밌게 놀다가면 안 되나요?)라는 샤크 팬의 질문에 대한 대답

 **과거부터 현재까지 계속되고 있는 일을 표현하는 현재완료**

과거의 일이 현재에 영향을 미칠 때 쓰는 표현이 바로 현재완료형 「have + p.p.」인데요. 과거에 시작한 일을 지금까지 계속하고 있다고 얘기할 때 애용되죠. 이때는 since(~ 이래로), for(~동안), lately(최근에) 같은 기간을 나타내는 표현과 찰떡처럼 붙어다니는 경우가 많습니다. '세가 게임 이후로는 오락을 안 했다'는 샤크의 얘기 역시, 과거 어느 시점에 오락을 안 한 게 지금까지도 계속되고 있다는 의미이므로 didn't play가 아닌 haven't played 형태의 현재완료를 써야 합니다.

1 **I haven't seen** Jane **since** last month.
   지난달 이래로 제인을 못 봤어요.
2 **I haven't eaten** sushi **since** I was in Japan!
   일본에 있었던 이후로는 초밥을 먹지 못했어요!
3 **I haven't tweeted since** I lost my laptop.
   내 노트북을 잃어버린 이후로 트위터를 못했어요.
4 She **has not talked** with Jane **since** they had a fight.
   두 사람이 싸운 이후로는 그 여자는 제인과 말을 하지 않아요.
5 The three singers **haven't been** on stage together **since** their last performance in 2000.
   그 세 가수는 2000년 마지막 공연 이후로 함께 무대에 선 적이 없어요.

# A deserve ~

A는 ~할 만한 자격이 돼요

### twitter

**Congratulations, Kobe, u deserve it. U played great. Enjoy it, man, enjoy it. I know what ur sayin "Shaq how my ass taste."**
코비, 축하해요. 당신은 승리를 맛볼 만해요. 멋진 경기였어요. 승리를 즐기세요, 당신이 "샤크야 약오르지?"라고 말하고 있는 것 알아요.

*코비: 샤크가 LA 레이커스에 있을 당시 늘 경쟁 상대여서 사이가 좋지 않았던 미국 최고 농구선수인 코비 브라이언트
**인터넷 채팅이나 트위터에서는 you를 u, your를 ur로 간단히 표기하곤 한다.

 상대방의 성과를 칭찬해줄 때 쓸 수 있는 영어표현

You/He/She/They deserve(S) it!은 누군가가 열심히 노력해서 무언가를 성취해냈을 때 칭찬의 말로 사용됩니다. '그럴 만한 자격이 된다,' 즉 '그럴 만해!'란 의미이죠. it의 내용을 구체적으로 밝혀서 말해주고 싶을 때는 it 대신 「to + 동사원형」을 이용하면 됩니다. 이밖에도 상대방을 칭찬하고 격려하는 표현으로는 다음과 같은 것들이 있습니다.

You did a great job! 정말 잘했어요!
Your effort paid off in the end. 당신의 노력이 결국 빛을 발하는군요.
Good for you! 잘됐네요! 잘했어요!
Way to go! 잘하고 있어!

1. He doesn't **deserve** any favor.
   그 사람한테는 잘해줄 필요가 없어요.
2. He **deserves** to take a break.
   그 남자는 좀 쉬어야 할 텐데.
3. The thief **deserves** to be behind bars.
   그 도둑은 교도소 갈 만한 짓을 했어요.
4. He doesn't **deserve** to be promoted.
   그 남자는 승진할 자격이 없어요.
5. Do you think the idol group **deserves** to win that award?
   그 아이돌 그룹이 상을 받을 자격이 있다고 생각하세요?

## 확인문제

**1** 돈 얘기 듣는 것 지긋지긋해요.

I'm (sick and) t_____ o_ hearing about money.

**2** 제가 오늘 밤 어디 가는지 맞혀보세요.

G_____ where I'm going tonight?

**3** 세가 이후로는 게임을 하지 않았어요.

I h____ n___ played s_____ Sega.

**4** 당신은 그럴 만한 자격이 있어요.

You d_____ it.

■ 정답
1. tired / of   2. Guess   3. have / not / since   4. deserve

■ 핵심 어휘
**Internet access** 인터넷 접속 환경
**situation** 환경
**make changes** 변화시키다
**fatty** 살찐
**exercise** 운동하다
**ballpark figure** 어림짐작한 수치
**run into** 우연히 만나다
**popular** 인기 있는
**whoop up** 빈둥대며 놀다
**performance** 공연
**ass** 엉덩이(속어)
**pay off** 성과를 내다, 지불하다
**take a break** 휴식하다
**behind the bars** 수감된
**promote** 승진시키다
**award** 상

# Justin Bieber

**저스틴 비버**

현재 미국에서 가장 인기 있는 캐나다 출신의 아이돌이다. 유튜브에 동영상을 올리면서 자신을 알렸고 본격적인 가수 활동은 어셔를 만난 후 시작되었다. 2009년 발매된 그의 데뷔 싱글 〈One Time〉은 발매 30시간 만에 10개국에서 각종 차트를 휩쓸 정도로 인기를 끌었다.

# thank you for+-ing

~해줘서 고마워요

> **twitter**
>
> **thank u for** notic**ing** me.... i luv u too. still the small town kid still having fun.
>
> 저를 알아봐줘서 고마워요. 저도 여러분들을 사랑해요. 아직도 전 촌에서 온 아이일 뿐이랍니다. 즐거운 시간 보내고 있어요.
>
> *thank u는 Thank you를, i luv는 I love를 의미

 **감사를 전하는 일반적인 방법**

'고마워요.' 란 말은 간단히 Thank you. 또는 Thanks.로 하면 되죠. '도와줘서 고마워요', '초대해줘서 고마워요' 등과 같이 고마운 이유까지 덧붙여 말하는 경우는 thank you 나 thanks 뒤에 「for + -ing」로 그 목적을 덧붙여주면 된답니다. Thank you for helping/inviting me.처럼 말이죠. 물론 Thank you for the present.(선물 고마워요.)처럼 for 뒤에 명사가 올 수도 있답니다.

1. **Thank you for** com**ing**.
   와줘서 고마워요.
2. **Thank you for** giv**ing** me the opportunity.
   기회를 줘서 감사합니다.
3. **Thank you for** be**ing** so nice.
   잘 대해줘서 감사합니다.
4. I would like to **thank you for** help**ing** me.
   도와줘서 감사하다는 말씀 전하고 싶어요.
5. **Thank you for** tak**ing** care of my puppy while I was gone.
   제가 없을 때 저의 강아지를 돌봐줘서 너무 감사합니다.

# be gonna miss ~
## ~가 그리울 거예요

### twitter

im really gonna miss Hawaii. it is awesome here. haha. See u guys soon.
하와이가 정말 그리울 거예요. 여긴 정말 멋진 곳이에요. 으흐흐. 또 봐요 여러분.

 **miss의 변신은 무죄**

비버가 쓴 트위터 글에서 miss는 '그리워하다'라는 의미로 쓰였죠. miss는 뭔가를 '놓치다'란 의미로 더 자주 쓰인답니다. 특히, 길을 묻는 상대에게 길을 알려준 다음, '쉽게 찾을 수 있을 거예요.'란 상투적인 말을 덧붙이곤 하는데, 이때 역시 miss를 활용해 You can't miss it.과 같이 말하죠.

I almost **missed** my train. 하마터면 기차를 놓칠 뻔했어요.
A: Excuse me. Where is the post office?
B: It's across the street. You can't **miss** it.
A: 실례지만 우체국이 어디죠?
B: 길 건너편에 있어요. 쉽게 찾을 거예요.

1 I**'m gonna miss** you forever.
   당신을 영원히 그리워할 거예요.

2 You**'re gonna miss** me when I'm gone.
   내가 가고나면 당신은 내가 그리울 거예요.

3 We**'re** really **gonna miss** the ex-president.
   우리는 전 대통령을 그리워할 겁니다.

4 We **are gonna miss** her a lot.
   우리는 그 여자를 아주 그리워할 거예요.

5 They **are gonna miss** their hero for a long time.
   그 사람들은 오랫동안 자신들의 영웅을 그리워할 거예요.

# The bottom line is (that) 주어+동사

결국 요점은 ~라는 거예요

> **twitter**
>
> **the bottom line is** I am from a town of 30,000 people in Canada .... and i never dreamed of even leaving.
> 요점은 제가 인구 30,000명의 캐나다 작은 마을 출신이라는 거예요. 그 마을을 떠날 거라곤 상상도 못 해 봤어요.
> *캐나다 시골 출신에서 미국 최고의 아이돌이 된 자신이 용 됐다고 스스로 말하는 비버

 **'핵심'을 찌르는 bottom line**

bottom line은 어떤 상황에서 정말 중요하다고 생각되는 '핵심', '요점'을 의미합니다. 상황의 핵심을 바로 집어서 말해야 할 때 That's the bottom line.(그렇지, 그게 바로 핵심이야.)과 같이 한마디 던져줄 수도 있죠. 반대로 상대가 똥인지 오줌인지 구분도 못하고 엉뚱한 소리를 해댈 때도 The bottom line is (that) ~을 이용해 '핵심은 말야~', '중요한 건 말야~'라며 일침을 가할 수 있습니다. 자신의 얘기를 한마디로 요약하고자 할 때 말머리에 꺼낼 수 있는 표현은 다음과 같은 것들이 있어요.

in a nutshell 한 마디로 말해서     to be brief 요컨대     in short 간단히 말해서

1. **The bottom line is that** you broke the law.
   중요한 건 당신이 법을 어겼다는 거예요.
2. **The bottom line is that** we must go right now.
   중요한 건 우리가 지금 당장 가야 한다는 거예요.
3. **The bottom line is that** our profit is going up.
   중요한 건 이윤이 증가세에 있다는 거예요.
4. **The bottom line is that** if you want to get it then you should try.
   중요한 건 당신이 그걸 얻고 싶다면 시도해봐야 한다는 것입니다.
5. What's **your bottom line**?
   하고 싶은 말의 핵심이 뭔가요?

# be off to + 장소/동사원형

~로/~하러 출발합니다

### twitter

so far Halloween SUNDAY FUNDAY has been epic. woke up and played some ball, now **off to** the book signing.
아직까지는 즐거운 핼러윈 일요일을 만끽하고 있어요. 일어나서 공놀이 좀 하다가 이제 책 사인하러 출발합니다.

 **off로 트위터할 수 있는 다양한 표현 패턴**

off는 「be off to + 장소/동사원형」 외에도 동사들과 어울려 다양한 회화 패턴을 만들어 냅니다.

**someone is off** 쉬는 날이다
I **am off** today. (= This is my day off.) 저 오늘 쉬는 날이에요.

**piss off** 화를 돋우다
I am **pissed off** at him. 걔 때문에 완전히 열 받았어. 아~ 짱나.

**turn off** 끄다
Please, **turn off** your cellphone. 핸드폰을 꺼주세요.

1. I **am off to** the gym. 체육관으로 출발합니다.
2. Today I **am off to** Japan for a business trip.
   출장 때문에 오늘 일본 갑니다.
3. I **am off to** London to meet my old friends.
   옛 친구들을 만나려고 런던으로 떠납니다.
4. I **am off to** sleep. 전 자러 갑니다.
5. I'**m off to** work. Have a wonderful day!
   일하러 갑니다. 즐거운 하루 보내세요!

# 확인문제

**1** 알아봐줘서 고마워요.
T_____ y___ f__ noticing me.

**2** 하와이가 정말 그리울 거예요.
I'm really g_____ m____ Hawaii.

**3** 요점은 제가 인구 30,000명의 캐나다 작은 마을 출신이라는 거예요.
The b_____ l____ is I am from a town of 30,000 people in Canada.

**4** 책 사인회 하러 출발합니다.
Now (I'm) o___ to the book signing.

■ 정답
1. Thank / you / for   2. gonna / miss   3. bottom / line   4. off

■ 핵심 어휘
**notice** 알아차리다
**opportunity** 기회
**take care of** 돌보다
**puppy** 강아지
**awesome** 훌륭한
**You can't miss it.** 반드시 찾을 거예요. (길을 찾는 상대에게 길을 알려준 다음 덧붙이는 말)
**ex-president** 전 대통령
**for a long time** 오랫동안
**bottom line** 핵심, 요점
**break the law** 법을 어기다
**epic** 웅장한
**be pissed off** 화나다, 열 받다
**gym** 체육관
**business trip** 출장

# Demi Moore

데미 무어

미국의 여배우. 1990년 〈사랑과 영혼〉의 몰리 역을 통해 세계적인 스타가 되었다. 2005년에 16살 연하의 영화배우 애쉬튼 커쳐와 결혼하였다.

# must be ~

~인 게 틀림없어요

> **twitter**
> 
> It **must be** fantastic working with That Girl.
> 그 여자와 함께 일하는 것은 환상적인 일임에 틀림없어요.

 **확신에 차서 추측할 때 애용되는 must be**

must be는 '~인 게 틀림없어', '분명 ~야'라며 확신에 차서 말할 때 유용한 표현입니다. 평소 말로만 듣던 사람을 처음 만나서 '당신이 ~군요'라고 말을 건넬 때도 You must be ~라고 표현한답니다. 현재 사실에 대한 확신을 얘기할 때 must be를 쓴다면, 과거의 사실에 대한 확신을 얘기할 때는 「must have + p.p.」(~였던 게 틀림없어, 분명 ~였어)를 씁니다.

**'분명 멋질 거예요' 관련 표현**

must be great 분명 굉장할 거예요
must be awesome 분명 엄청날 거예요
must be majestic 분명 엄청 멋질 거예요
must be wonderful 분명 멋질 거예요
must be cool 분명 굉장히 멋질 거예요

1  You **must be** kidding.
   농담하는 거지? (농담인 게 틀림없어.)

2  You **must be** Mr. John. I heard a lot about you.
   존 선생님 맞죠? 말씀 많이 들었습니다.

3  My parents **must be** so worried about me.
   부모님이 분명 제 걱정을 많이 하고 있을 거예요.

4  He is memorizing all the phone numbers of his cellphone. He **must be** a genius. 그 남자는 핸드폰에 있는 전화번호들을 모두 외우고 있어요. 천재인 게 틀림없어요.

5  He **must** not **be** home. Although I called him many times, nobody was getting the phone.
   그 남자는 집에 없는 게 틀림없어. 내가 여러 번 전화했지만 아무도 전화를 받지 않더라고.

# go through
~을 훑어보다

## twitter

(I'm) **Going through** my old journals and found this funny doodle i did from 1999 called "big thoughts on life."
제 오래된 일기들을 훑어보고 있는데, 1999년에 쓴 재미난 낙서를 발견했어요. 제목은 〈삶에 대한 고뇌〉.

 **메모나 기록과 관련된 표현**

doodle 낙서
No scribbling on the walls! (벽에) 낙서 금지!
keep a diary(journal) 일기를 쓰다
take a message 메시지를 적어두다
leave a message 메시지를 남기다

1. **Go through** your phone book. You can find the number of Chinese restaurants. 전화번호부 뒤지면 중국집 전화번호 찾을 수 있을 거예요.
2. How long does it take for the manager to **go through** the papers?
과장님이 서류를 검토하는 데 시간이 얼마나 걸리나요?
3. I was **going through** some old photos when he entered my room.
내가 옛 사진들을 보고 있는데, 그 남자가 내 방으로 들어왔어요.
4. Why don't you **go through** that report for us?
그 리포트 검토 한번 해줄래요?
5. I **went through** the all over the closet, but I couldn't find my jacket.
벽장을 구석구석 살펴봤는데도 내 재킷을 못 찾았어요.

# Not that I know of.

제가 알기론 아니에요.

---

**twitter**

**Not that I know of.**
제가 알기론 아니에요.
"Does your husband participate in that movie?"(남편도 그 영화에 출연하나요?)라는 팬의 질문에 대한 대답

 외워두면 하루에 한 번씩은 사용할 수 있는 **Not that I know of!**

어떤 질문에 대해서 아닌 거 같거나, 확실치 않을 때 많이 사용하는 표현입니다. 문법으로서보다는 하나의 문장으로 암기해두면 뉴스, 미드, 영화에서 하루가 멀다 하고 들을 수 있는 실용적 구문입니다.

**'참석하다'와 관련된 표현**
participate in = take part in ~에 참석하다
I'm in. 저도 껴주세요.
I'm out. (= Count me out.) 전 빠질래요.

1. A: Did anyone tweet while I was on trip?
   B: **Not that I know of.**
   A: 내가 여행 중이었을 때, 누가 나한테 트위터했나요?
   B: 내가 알기론 없어요.

2. A: Is there a bookstore nearby?
   B: **Not that I know of.**
   A: 근처에 서점이 있나요?
   B: 제가 알기로는 없어요.

3. A: Is John seeing anyone these days?
   B: **Not that I know of.**
   A: 존 요즘 누구 데이트하는 사람 있나요?
   B: 없는 걸로 알고 있어요.

# ~ be a must
~는 필수예요

---

**Gender equality is a must!**
남녀평등은 필수라고요!

 동사의 탈을 쓰고 명사로, 명사의 탈을 쓰고 동사로 쓰이는 표현들

learn(배우다)에 -ing을 붙이면 동명사인 learning(배우는 것)이 되는 것처럼 동사에 -ing를 붙여 동명사를 만들어주어 명사화시키는 게 보통이지만, 구어체에서는 그 자체가 동사와 명사를 넘나드는 단어가 있습니다. must, water, ship, shield 같은 단어들이 그렇죠.

English is a **must**. 영어는 필수. (must: 필수; 해야 한다)
I need to **water** the flower. 꽃에 물을 줘야 해요. (water: 물; 물주다)
We will **ship** the product by this Friday.
이번 주 금요일까지 그 상품을 배송할게요. (ship: 배; 배송하다)
Does a black cloth **shield** you from sunlight?
검은 옷을 입으면 직사광선을 막을 수 있나요? (shield: 방패; 막다)

---

1. Twitter **is a must** for all smartphone users.
   스마트폰 사용자들에게 트위터는 필수입니다.

2. If you want to go out with her, confidence **is a must**.
   그 여자와 데이트를 하고 싶으면 자신감은 필수야.

3. Wearing helmet **is a must** for bike riders.
   오토바이 탑승 시 헬멧 착용은 필수야.

4. Why **is** physical health **a must** for students?
   공부하는 학생에게 신체적 건강은 왜 필수인가요?

5. **Is** it **a must**?
   이거 필수인가요? (꼭 해야 되나요?)

# 물건+come in+사이즈/색깔

## ~는 …사이즈가/색이 있다(나온다)

### twitter

**Do they come in a size 6?**
6사이즈도 있나요?

*"hope U dont mind but hre is a pic U may lk as i know U luv dolls!"
(실례되는 줄 알지만, 당신이 인형들을 좋아한다고 하니 이 사진을 올릴게요.)라는 팬의 멘션에 대한 답
**hre는 here, pic은 picture, lk는 like를 의미

 **알아두면 유용한 물건 구매 관련 표현들**

come in (상품 등이) 들어오다
Can I try on this? (옷가게나 신발 가게 등에서) 이거 입어봐도/신어봐도 되나요?
This is a rip-off. 완전 바가지네요.
I got ripped off. 바가지 썼어요.
Could you give me a discount. 좀 깎아주세요.
Does this T-shirt go well with that hat? 이 티셔츠 저 모자랑 잘 어울리나요?
Could you wrap this, please? 이것 좀 싸주시겠어요.


1   The T-shirts **come in** L, XL, and XXL sizes.
    그 티셔츠는 L, XL, XXL 사이즈가 나옵니다.

2   The cars **come in** red, blue and black.
    그 자동차는 빨간색, 파란색, 검은색이 있습니다.

3   Do they **come in** yellow?
    이거 노란색도 있나요?

4   What colors do they **come in**?
    어떤 색깔이 있나요?

5   Why do batteries **come in** different sizes?
    왜 배터리는 각기 크기가 다른가요?

 # What a/an+형용사+명사(+주어+동사)!
정말 ~하군요!

---

**twitter**

**Indeed it is & what a glorious day here in Israel!**
정말 그래요, 그리고 여기 이스라엘 날씨가 정말 좋군요!

---

 **감탄문 어순**

'그 여자 정말 예쁘다!'라고 말할 때는 How pretty she is!와 What a pretty girl she is! 처럼 「how + 형 + 주 + 동!(형용사 강조의 경우)」 형태와 「what + a + 형 + 명 + 주 + 동!(명사 강조의 경우)」 형태가 가능합니다. 외우기 힘들면, 학교 다닐 때 억지로 문법을 외울 때처럼, '왔어? 형명주동? (혁명 주동한 사람이 왔어? 인사하자) 하이 형주동!'이라고 기억해둡시다.

---

1 **What a** wonderful world (we live in)!
   정말 아름다운 세상이군요!

2 **What a** great weather!
   정말 좋은 날씨군요!

3 **What a** nice guy (he is)!
   정말 멋진 남자군요!

4 **What a** delicious turkey!
   칠면조가 정말 맛있네요!

5 **What a** fantastic idea!
   정말 환상적인 생각이네요!

6 **What a** man!
   그 사람 참! (어이가 없어 말이 안 나올 때)

# I'm in.

나도 낄래요.

---

### twitter

**I'm in!**

저도 볼게요! (저도 껴주세요!)

*Tonight my show The *Arrangement* is on air.... Shameless promotion.
(오늘밤 〈어레인지먼트〉라는 제 프로가 방송되거든요. 수줍게 광고 좀 하고 갑니다.)라는 팬의 트윗에 대한 대답

 **어떤 일에 끼워달라고 말할 때**

보통은 I want to join.를 쉽게 떠올릴 거예요. 하지만 일상생활에서 가장 많이 쓰이는 표현은 I'm in.입니다. 그래서 '우리 ~할 건데 너도 낄래?'라고 물을 경우 Are you in? 혹은 You in?이라고 하죠. 여기에 대한 대답으로 '나도 낄래.'라고 하고 싶으면 I'm in. 이나 Count me in.이라고 하면 되고, '난 빠질래.'라고 하고 싶으면 I'm out. 이나 Count me out.이라고 하면 됩니다.

**1** A: Are you in or not?
B: **I'm in.**
A: 낄 거야, 말 거야?
B: 나도 낄래.

**2** A: Do you join us?
B: **I'm in.**
A: 같이 할래?
B: 나도 낄게.

**3** A: We are going out for a beer. Do you wanna come along?
B: **Count me in.**
A: 우리 맥주 한 잔 마시러 나가요. 같이 갈래요?
B: 나도 껴주세요.

확인문제

**1** 그 여자와 함께 일하는 것은 환상적인 일임에 틀림없어요.

It m____ b_ fantastic working with that girl.

**2** 오래된 일기장들을 훑어보고 있어요.

(I am) g_____ t_____ my old journals.

**3** 제가 알기론 아니에요.

Not t____ I know o_.

**4** 남녀평등은 필수라고요.

Gender equality is a m____!

**5** 사이즈도 있나요?

Do they c____ i_ a size 6?

**6** 날씨가 정말 좋군요!

W____ _ glorious day!

**7** 저도 껴주세요.

I'm i_.

■정답
1. must / be  2. going / through  3. that / of  4. must  5. come / in  6. what / a  7. in

■ 핵심 어휘

fantastic 환상적인
awesome 훌륭한, 멋진
majestic 웅장한
kid 농담하다
memorize 암기하다
genius 천재
journal 일기

doodle 낙서
phone book 전화번호부
closet 벽장
participate in ~에 참석하다
nearby 근처
these days 요즘
gender equality 남녀평등

confidence 자신감
physical 육체적인
rip-off 바가지
glorious 아름다운, 영광스러운
delicious 맛있는
promotion 홍보

# Al Gore

앨 고어

미국의 제45대 부통령. 지구온난화와 그에 따른 환경파괴의 위험성을 불러일으킨 공로를 인정받아 유엔정부간기후변화위원회(IPCC)와 공동으로 2007년 노벨 평화상을 수상하였다.

# Don't forget to+동사원형

**Al Gore**

~하는 거 잊지 마세요

---

**twitter**

Thank you all for following. **Don't forget to** watch the interview with @kevinrose on Current Friday @ 10p http://current.com/digg.
팔로잉해줘서 감사합니다. 금요일 10시에 커런트 채널에서 제가 케빈 로스와 인터뷰하는 프로 보는 것 잊지 마세요.

---

 **forget to *vs.* forget -ing**

forget 다음에 to부정사가 오면 '~할 일을 까먹다'라는 미래적 의미이고요, -ing가 오면 '이미 한 일을 까먹다'는 의미가 된답니다.

I **forgot to** turn off the TV. TV 끄는 것을 잊어먹었어. (끄지 않았다.)
I **forgot** turn**ing** off the TV. TV 껐다는 것을 까먹었어.

---

1 **Don't forget to** take your camera.
   카메라 들고 오는 것 잊지 마세요.

2 **Don't forget to** take your pill before going to bed.
   잠자기 전 약 복용하는 것 잊지 마세요.

3 **Don't forget to** bring your own drink to the party.
   그 파티에 마실 음료수를 가져오는 것 잊지 마세요.

4 **Don't forget to** turn off the light when you go out this building.
   건물을 나갈 때는 불 끄는 것 잊지 마세요.

5 **Don't forget to** log off before you leave the computer.
   컴퓨터 사용하다 자리를 뜰 때에는 로그 오프하는 것 잊지 마세요.

# be interested in

~에 관심이 있어요

**twitter**

I'm advocating a US goal of 100% carbon-free electricity in 10 years. If you **are interested in** the plan, check today's *NYT* op-Ed on it.

10년 후에는 탄소 배출이 없는 전기의 사용을 100%에 이르게 한다는 미국의 목표를 지지하는 운동을 벌이고 있어요. 여러분도 그 계획에 관심이 있으면, 오늘자 〈뉴욕타임스〉 기명 논평 페이지를 확인하세요.

*op-Ed: opposite the editorial page (신문의 사설 반대쪽 페이지인) 기명 논평 페이지

 **interest의 여러 표현**

get/be interested in에서 interested는 동사 interest의 과거분사 형태로 '~에 대한 흥미를 갖게 되다/갖고 있다'라는 뜻의 숙어처럼 쓰입니다. interest가 명사로 쓰이면 관심, 흥미, 감흥, 재미, 호기심을 나타내며 have/feel/take 같은 동사와 함께 쓰입니다.

This has no **interest** for me. 나는 이것에 흥미가 없다.
feel a great **interest** in ~에 많은 흥미를 갖다
take an **interest** in ~에 관심을 가지다

**'~이 들어 있지 않은'이란 표현은 free로 해결!!**

sugar **free** 설탕이 들어 있지 않은
pesticide **free** 농약이 안 들어간
$CO_2$ **free** 이산화탄소가 들어 있지 않은
GMO **free** 유전자 변형 농산물이 아닌 식품

1 She seems to **be interested in** me.
그 여자가 나한테 관심이 있는 것 같아요.

2 **Are** you **interested in** Twitter?
트위터에 관심 있으세요?

3 You may not **be interested in** him, but he **is interested in** you.
당신은 그 남자에게 관심이 없을지 모르지만, 그 남자는 당신한테 관심 있어요.

4 Which model **are** you **interested in**?
어떤 모델에 관심이 있어요?

5 If you **are interested**, let us know. 관심 있으면 우리한테 알려주세요.

# be looking forward to+(동)명사

~를 기대하고 있어요

**(I'm) Looking forward to going to Poland next week.**
다음 주에 폴란드 가는 게 기대되네요.

 「전치사 to + -ing」로 트위터할 수 있는 다양한 표현 패턴

look forward to는 '~을 기대하다, 고대하다'는 의미예요. 이때 to는 전치사이기 때문에 뒤에 동명사나 명사가 올 수 있죠. 다음은 전치사 to가 동사와 어울려서 많이 쓰이는 것들입니다.

be used(accustomed) to + -ing ~하는 데 익숙하다
object to + -ing ~하는 것을 반대하다

1 **I'm looking forward to** see**ing** you.
당신을 뵙게 되길 고대합니다.

2 **I'm looking forward to** read**ing** your novel.
네 소설을 읽기를 기대하고 있어.

3 **I'm** really **looking forward to** my payday.
월급날이 너무 기다려져요.

4 I've **been looking forward to** this moment since last year.
작년부터 이 순간을 기대해왔어요.

5 **Are** you **looking forward to** this movie as much as I am?
당신도 나만큼이나 이 영화를 기대하고 있나요?

# recommend

~을 추천해요

### twitter

It was great visiting the Current UK office, I **recommend** you check out their content and follow them http://twitter.com/currentuk.
커런트의 영국 사무실을 방문했는데 정말 멋졌어요. 여러분들도 커런트 유케이 트위터의 게시물을 확인해 보고 팔로우할 것을 추천해요.

 **recommend의 활용법**

I recommend you check out ~은 원래 I recommend that you should check out ~이라는 문장에서 that과 should가 생략된 것입니다. 명령, 주장, 제안(suggest, require, recommend, demand) 등의 동사가 들어간 문장의 that절에서는 접속사 that과 조동사 should는 생략할 수 있거든요.

He **suggested** (that) she (should) start twitter. 그는 그녀에게 트위터를 시작할 것을 제안했어요.
I **demand** (that) he (should) apologize. 그 남자에게 사과할 것을 요구합니다.

recommend는 추천하는 내용이 누군가의 구체적인 행동일 때는 뒤에 'that절'로 이어주고, 추천하는 내용이 물건이거나 사람일 때는 뒤에 '명사'를 붙여줍니다. 이때 누구에게 추천하는지 밝히고 싶다면 「recommend + 추천하는 것(명사) + to + 누구」처럼 씁니다.

1  I strongly **recommend** (that) you try this food. 이 음식 완전 강추합니다.
2  My boss **recommended** me to the manager.
   제 상사가 저를 매니저로 추천했습니다.
3  I don't want to **recommend** it to you. 당신한테 그걸 추천하고 싶지 않아요.
4  I'd like to **recommend** new products.
   신상품들을 추천해드리고 싶어요.
5  Would you **recommend** a good place to visit here in Sinchon?
   신촌에서 가볼 만한 데를 추천해줄래요?

# make sure ~

꼭 ~하도록 하세요

**Make sure** you see @homeproject http://www.home-2009.com.
홈프로젝트 사이트 꼭 봐야 해요.

### 확실히 할 것을 일러두는 make sure ~

make sure ~는 상대에게 명심하고 반드시, 확실히 어떤 일을 하라고 할 때 쓸 수 있는 표현입니다. 뒤에는 that절을 이어줄 수도 있고, to부정사를 이어줄 수도 있죠. 물론 that절의 that은 앨 고어처럼 생략하고 쓸 수도 있고요.

#### 알아두면 유용한 make 관련 숙어
make up for ~에 대해 보상하다, 만회하다
make an appointment (병원 진료, 미용실 등을) 예약하다
make a difference 변화시키다
make a wish 소원을 빌다

1. **Make sure** you're prepared for the presentation.
   발표회 준비가 확실히 되도록 하세요.
2. **Make sure that** the pages of this book are in alphabetical order.
   이 책의 페이지는 알파벳 순서임을 꼭 알아두세요.
3. **Make sure to** take out the garbage.
   꼭 쓰레기 갖다 버리세요.
4. **Make sure to** log off your Twitter account.
   당신의 트위터 계정이 로그오프 됐는지 꼭 확인하세요.
5. **Make sure to** bring your ID.
   꼭 신분증 가져오세요.

**확인문제**

**1** 인터뷰 보는 걸 잊지 마세요. (꼭 시청해주세요.)

D_____ f_____ to watch the interview.

**2** 그 계획에 관심 있으면, 오늘자 〈뉴욕타임스〉를 확인하세요.

If you a___ i_____ i_ the plan, check today's *NYT*.

**3** 다음 주에 폴란드 가는 게 기대되네요.

L_____ f_____ t_ going to Poland next week.

**4** 내용을 확인해볼 것을 추천합니다.

I r_____ you check out their content.

**5** 홈프로젝트를 꼭 봐야 해요.

M____ s____ you see 'homeproject.'

■정답
1. Don't / forget  2. are / interested / in  3. Looking / forward / to  4. recommend
5. Make / sure

Al Gore

■핵심 어휘
**current** 현재의
**take a pill** 약을 복용하다
**own** 자신의, 소유의
**turn off** (전기제품을) 끄다
**log off** 로그아웃하다
**advocate** 지지하다
**op-Ed** 기명 논평
**payday** 월급날
**moment** 순간
**recommend** 추천하다
**content** 내용, 목차
**apologize** 사과하다
**presentation** 발표
**alphabetical order**
알파벳 순서의
**take out the garbage**
쓰레기를 내다 버리다
**account** 계좌, 계정
**ID(identification)** 신분증

# Bill Cosby

**빌 코스비**

미국의 코미디언, 배우. 1969년 시트콤 〈The Bill Cosby Show〉로 이름을 알리게 되었다. 1984년부터 1992년까지 8시즌으로 방영된 시트콤 〈The Cosby Show〉의 제작과 주연을 맡았다. 이 시트콤은 '코스비 가족'이라는 이름으로 텔레비전에 방영되어 한국에서도 인기를 모았다.
*Bill은 William의 애칭.

# in case+주어+동사

~하는 경우에는

### twitter

Watch me on *Larry King LIVE* tonight with @KingsThings at 9:30! **In case** you missed me last night, watch and listen to: http://bit.ly/BCndnl

오늘 밤 9시 30분에 〈래리 킹 라이브〉(CNN토크쇼)에 제가 나오는 거 보세요. 혹시 어젯밤에 제가 나온 프로를 못 본 경우에는, 여기(유튜브) 가서 시청하세요.

### in case (of) *vs.* in the case of

in case 또는 in case of는 아직 일어나지 않은 가상의 미래의 경우를 말할 때 쓰는 반면, in the case of는 현재 상황이나 이미 발생한 일에 대한 언급을 할 경우에 쓰입니다.

**in case of** fire 화재가 발생하는 경우에는
**in the case of** argument you had last class 당신이 지난 수업에 했던 논쟁에 관해 말하자면

1 **In case** you can't attend the meeting, please let me know in advance.
   회의에 참석하지 못하는 경우에는 저에게 미리 좀 알려주세요.

2 Please give this sleeping pill to her **in case** she can not fall asleep.
   그 여자가 잠을 못 자는 경우에는 이 수면제를 주세요.

3 **In case** you want to quit your job, give your boss three weeks notice.
   직장을 그만두는 경우에는, 상사에게 3주 전에 통보하세요.

4 Please let me know **in case** my answer is wrong.
   제 답변이 틀렸다면 저한테 좀 알려주세요.

5 **In case** a traveler have no cash to spend, he can use ATM in the downtown.
   여행자가 현금을 갖고 있지 않는 경우에는 시내에 있는 현금지급기를 사용할 수 있습니다.

# 비교급+than I thought/expected

### 생각보다/예상한 것보다 더 ~하네요!

---

**twitter**

Having waited so long for 72, 73 came **quicker than I thought**. I feel ambushed but very happy.

72살이 되기를 너무 오래 기다렸더니 73살은 생각보다 더 빨리 왔어요. 기습 당한 기분이 들기도 하지만 그래도 아주 행복합니다.

---

 **비교급 구문**

'A가 B보다 더 ~하다'는 비교를 할 때, 「A + 비교급 + than B」를 사용합니다. 형용사나 부사가 2음절 이하일 때는 뒤에 비교급 자리에 -er을 붙이고, 3음절 이상의 형용사나 부사 앞에 more를 붙여줍니다. 또 '훨씬' 등의 의미로 비교급을 강조할 때는 비교급 앞에 much, still, even, far 등을 붙입니다.

1 This laptop is much **heavier than I thought**.
　이 노트북 내가 생각했던 것보다 더 무겁네요.

2 The mountain is **more beautiful than I thought**.
　그 산은 내가 생각했던 것보다 더 아름답네요.

3 That's more **expensive than I thought**. Can you give me a discount?
　내가 생각한 것보다 비싼데, 좀 깎아줄래요?

4 It goes **better than I expected**.
　내가 예상했던 것보다는 일이 잘 풀리네요.

5 This is definitely something **worse than I expected**.
　내가 예상했던 것보다 훨씬 더 심각하네요.

# should have+과거완료

~했어야 했는데

### twitter

**You should have asked me 50 years ago.**
50년 전에 물어봤어야 했어요. (지금은 나이가 들어 전성기가 아니란 의미)
*Hey @BillCosby What is it truly like to be Bill Cosby?(빌 코스비답다는 건 어떤 건가요?)라는 팬의 질문에 대한 답변

 **조동사 should**

조동사 should는 '~을 해야 한다'는 당위성을 나타냅니다. She should study harder. 는 현재 시점에서의 당위성을 나타냅니다. 이에 반해 '지금은 너무 늙어서 젊었을 때 얼마나 잘나갔는지 보여주기가 힘드니 더 빨리 물어봤어야지!'라는 코스비 아저씨의 답변에서처럼 과거 시점에서의 아쉬움을 나타내고자 할 때 「should have + p.p.」가 사용됩니다.

1. Wow, it's too cold. I **should have worn** a jacket.
   와, 너무 춥다. 재킷을 입었어야 했는데.
2. I **should have listened** to my father's advice more carefully.
   아버지의 충고를 더 주의 깊게 들었어야만 했어요.
3. He **should have been** more careful. She's got really angry.
   그 남자는 좀 더 조심했어야 했어요. 그 여자는 정말 화났거든요.
4. The company **should have been** better prepared for smartphone age. 그 회사는 스마트폰 시대에 대비해서 더 잘 준비했어야 했어요.
5. A: Professor! If I get a F one more time, I will be kicked out of school. Please give me a break.
   B: Then you **should have studied** much harder.
   A: 교수님! 저 한 번만 더 낙제하면 제적당합니다. 한 번만 봐주세요.
   B: 그럼 공부를 훨씬 더 열심히 했어야지.

# come(stop) by

~에 잠깐 들르세요

### twitter

**Come by** my house and tell her that every morning.
매일 아침 저희 집에 잠깐 들러서 그 얘기를 제 아내에게 해주세요.
*Hey @BillCosby ur wife is so lucky.(코스비 씨의 아내는 정말 운이 좋아요.)라는 팬의 트윗에 대한 답변

 **'들르다'를 뜻하는 표현**

어디에 '들르다'란 의미로 쓰이는 대표적인 표현에는 stop by, come by, drop by가 있어요. come by와 stop by는 다른 데 가는 길에 '잠깐 들르다'란 어감이라면, drop by는 특별히 약속 같은 거 정해놓지 않고 '방문한다'는 느낌입니다.

Can you **drop by** my office? 제 사무실에 들를 수 있어요?
I will **stop by** your house. 집에 잠깐 들를게요.
You can **come by** for beers. 와서 맥주 한잔 해요.

1. I'll be passing by near your house in 10 mins. Can I **come by** to say hi? 10분 있다가 너희 집 근처 지날 것 같은데 잠깐 들러서 인사하고 가도 돼?
2. Are you **coming by** my house tonight?
   저녁에 집에 들를 건가요?
3. Let's **stop by** Mart on way to home.
   집에 가는 길에 잠깐 마트에 들렀다 가요.
4. I **stopped by** John's house for a talk.
   할 말이 있어서 존의 집에 잠깐 들렀어.
5. Thank you for **stopping by**.
   들러줘서 고맙습니다.

# as long as+주어+동사

~하는 한

### twitter

**As long as** we don't get into trouble.
우리가 곤란한 지경에 빠지지 않는 한.
*I love you soooooooooooo much!!! (당신을 완전 사랑해요!!!)라는 팬의 트윗에 대한 답변

 **우선조건을 요구할 때 유용한 표현**

가끔 트위터를 하다보면 상대가 먼저 나를 팔로우해야 나도 상대를 팔로우하겠다는 분들이 있는데요. 이런 분들의 신조를 한마디로 표현하면, As long as you follow me, I will follow you. 가 됩니다. 이렇듯 어떠한 조건에서 ~하는 한, ~하기만 하면이라는 의미로 유용한 표현이 바로 as long as입니다. as long as 다음에는 「주어 + 동사」의 완전한 문장이 온다는 것 꼭 기억하세요.

### into로 트위터할 수 있는 다양한 표현 패턴

into는 기본적으로 '~속으로'라는 개념입니다. 여기 트위터에 등장한 get into trouble 은 '곤란 속으로 들어가다' 이니까, 결국 '곤경에 처하다' 란 의미입니다.

**be into + 사람** ~에게 푹 빠지다, 좋아하다
I am **into** her. 나 그 여자한테 쏙 빠졌어.

**turn into** ~로 변하다
The puppy **turns into** a big dog. 그 강아지는 큰 개로 변한다.

1. **As long as** you do not disturb me, you can do everything.
   나를 방해하지 않는 한, 당신이 원하는 건 뭐든지 해도 되요.
2. I'll sing **as long as** I have breath. 숨이 붙어 있는 한은 노래를 부르겠어요.
3. **As long as** it does not rain heavily, we will go.
   비가 심하게만 내리지 않는다면 우리는 갈 거예요.
4. **As long as** you respect them, they will not go against you.
   네가 그 사람들에게 무례하게 대하지 않는 한, 그 사람들은 너를 반대하지 않을 거야.

**확인문제**

**1** 어젯밤에 제가 나온 프로를 못 본 경우에는 인터넷으로 보세요.

I_ c____ you missed me last night, watch it on the Internet.

**2** 72살이 되기를 너무 오래 기다렸더니 73살은 생각보다 더 빨리 왔어요.

Having waited so long for 72, 73 came quicker t____ _ t_____.

**3** 50년 전에 물어봤어야 했어요.

You s_____ h____ a_____ me 50 years ago.

**4** 저희 집에 잠깐 들르세요.

C____ b_ my house.

**5** 우리가 곤란에 빠지지 않는 한.

A_ l____ a_ we don't get into trouble.

■정답

1. In / case  2. than / I / thought  3. should / have / asked  4. Come / by  5. As / long / as

■ 핵심 어휘

**argument** 논쟁
**attend** ~에 참석하다
**in advance** 미리
**notice** 통보
**ATM(Automated Teller Machine)** 현금 자동 입출금기
**downtown** 시내
**ambush** 매복하다가 기습하다
**laptop** 노트북
**discount** 할인
**definitely** 확연하게
**kick out of school** 퇴학시키다
**give me a break** 한 번 봐주세요
**congress** 의회, 국회의원
**the disabled** 장애우들
**take a pill** 약을 복용하다
**respect** 존경하다
**go against** 반대하다
**go for** 찬성하다
**disturb** 방해하다

# Mariah Carey

**머라이어 캐리**

여가수. 특이한 창법을 보유하고 있으며 다섯 옥타브의 성역을 갖고 있다. 90년대 가장 성공한 가수로 평가받는다. 2000년 월드 뮤직 어워드에서는 사상 최다 앨범 판매량을 기록한 여가수로 선정되었다.

# gotta + 동사원형

~해야만 해요

### twitter

thank you! I hope U r having a festive labor day too! Mine's kinda boring right now cos I **gotta sing** later. XOXO.
고마워요! 팬님도 행복한 노동절 되길 빌게요. 제 휴일은 지금 좀 지루하네요. 조금 있다가 노래를 불러야 하니까요. 사랑합니다.

*gotta는 I've got to(=I must)를 줄인 말

### 가라가라? 어딜 가라?

미드나 영화를 즐겨보는 분들은 몇 분 단위로 툭툭 튀어나오는 이 gotta라는 표현에 적잖이 당황했을 텐데요. 어딜 가라는 뜻은 아니고요 「I've got to + 동사원형」, 즉 ~을 해야만 한다는 구어체 표현입니다. ~를 해야 한다는 표현은 must나 have to가 더 익숙하겠지만 gotta는 구어체에서 가장 많이 쓰이는 표현 베스트 3 안에 들 정도로 애용되는 표현이고, 트위터에서도 빈출하는 표현이니 꼭 알아두세요.
「have got to + 동사(=I have to + 동사)」가 원래 형태지만 have를 생략해서 「gotta + 동사」로도 많이 쓰입니다.

### XOXO

머라이어 캐리의 거의 모든 트위터에 등장하는 XOXO는 Kiss&Hug라는 뜻입니다. X는 사람이 서로 기대어 키스하는 모습, O는 둥글게 서로를 안아주는 모습을 형상화해서 만든 표현입니다. 그렇다고 정말 kiss and hug를 한다는 것은 아니고, '사랑합니다' 정도의 뉘앙스로 받아들이면 됩니다.

1. I **gotta go**! 이제 가야 해요!
2. You **gotta stop** smoking. 담배 끊어야 해요.
3. We **gotta fight** for our right. 우리의 권리를 위해 싸워야 합니다.
4. Hurry up! It **gotta be** done by 9:00. 서두르세요! 9시까지는 끝내야 해요.
5. I **gotta tell** her the truth. 그 여자에게 사실을 말해야겠어요.

# that's why 주어+동사

그게 바로 ~하는 이유예요

### twitter

Thank you for making me smile w/ that message. **that's why** I keep going no matter what.
그 메시지 때문에 웃을 수 있어서 감사합니다. 그게 바로 아무리 힘들어도 계속 이 일을 해나갈 수 있는 이유예요.

*머라이어를 완전 좋아한다는 팬의 응원에 트위터로 답장한 내용

 '이유'를 앞에 놓을까, 뒤에 놓을까!

지금까지 ~한 이유를 설명할 때는 보통 because라는 그나마 우리에게 식상한 영어를 사용했다면, 이제 That's why ~를 시도해보는 건 어떨까요? That's why는 because와 비슷한 의미이지만, 이유를 먼저 툭~ 던지고 다음 문장에서 그게 바로 ~한 이유라고 설명을 붙이는 패턴입니다.

「no matter how/where/who/what 주어 + 동사」 ~이든지 간에

I don't care **no matter how** you do. 네가 어떻게 하든지 간에 나는 상관하지 않아.
I don't care **no matter what** you do. 네가 무엇을 하든지 간에 나는 상관하지 않아.
I don't care **no matter where** you go. 네가 어디를 가든지 간에 나는 상관하지 않아.
I don't care **no matter who** you meet. 네가 누구를 만나든지 간에 나는 상관하지 않아.

1 I am on a diet. **That's why** I don't eat fast food.
   다이어트 중이에요. 그게 바로 제가 패스트푸드를 먹지 않는 이유랍니다.

2 He is very humorous and **that's why** he has a lot of friends.
   그 남자는 아주 유머러스합니다. 그게 바로 그 사람에게 친구가 많은 이유랍니다.

3 She is very diligent. **That's why** she makes a lot of money.
   그 여자는 아주 부지런합니다. 그게 바로 그 여자가 돈을 많이 버는 이유랍니다.

4 She broke up with her boyfriend. **That's why** she looks so blue.
   그 여자는 남친과 헤어졌습니다. 그게 바로 그 여자가 우울해 보이는 이유랍니다.

5 I was tied up to the work. **That's why** I couldn't come to the party.
   일이 너무 바빴어요. 그게 바로 제가 파티에 참석하지 못한 이유예요.

# do+동사원형

정말 ~해요

### twitter
**Seriously, I really do love (it) here, beautiful people inside and out!**
정말이지, 여기가 너무 좋아요. 어딜 가나 사람들이 멋지고요!

 **'정말, 훨씬'이라는 의미로 쓰일 때의 do**

조동사 do(does, did)는 be동사 이외의 일반동사의 긍정문을 강조할 때 사용됩니다. 동사 앞에 do를 삽입하며 '정말, 훨씬'이란 의미가 되죠. I really love it. 에서 really가 동사 love를 꾸며주는 부사라면, I really do love it. 에서 do도 love를 꾸며주는 일종의 부사로 여기면 do동사의 강조 용법을 부드럽게 이해할 수 있습니다.

1   I **do love** her.
    나는 그 여자를 정말 사랑해요.

2   We **do need** to exercise to stay healthy.
    건강을 지키려면 운동을 정말 꼭 해야 합니다.

3   I **do know** about him.
    그 남자에 대해서 아주 잘 알아요.

4   I **do wish** to participate in the class.
    정말 그 수업에 참가하고 싶어요.

5   They **did come** to see me yesterday.
    그 사람들이 어제 정말로 나를 보러 왔어요.

# had to + 동사원형

~해야만 했어요

---

**twitter**

We **had to** fly to another city 2 do the show & Im STILL in the car.
우리는 공연을 하기 위해 다른 도시로 비행기를 타고 이동해야만 했어요. 그리고 저는 아직도 차 안이에요.

*to do의 to를 숫자 2로 표기

---

 **당위성**

「have to + 동사원형」은 현재 사실에 대한 당위성, 즉 '~해야만 한다'를 나타내고, 과거 사실에 대한 당위성, 즉 '~했어야만 했어요'는 「had to + 동사원형」으로 나타냅니다. 「had to + 동사원형」과 비슷한 표현으로 「should have + p.p.」가 있습니다. 한국어로 둘 다 '~했어야만 했어요'로 똑같이 해석되지만 뜻은 엄청 다릅니다. 「should have + p.p.」가 과거에 하지 못한 것에 대해 후회를 강조한다면, 「had to + 동사원형」은 단순히 과거에 '해야만 했다'는 사실만을 표현합니다. 즉 후회 따윈 없는 것이지요.

She got an F. She **should have prepared** the exam hard.
그녀는 F받았어요. 시험 준비를 열심히 해야만 했어요. (F가 [ef] 모음으로 발음되어 앞에 an이 붙습니다.)
Because of the bad weather, she **had to** cancel the picnic.
날씨가 좋지 않아서, 그녀는 소풍을 취소해야만 했어요.

---

1. I **had to** say no to him.
   나는 그의 제안을 거절해야만 했어요.

2. I **had to** get up at 6 this morning to get ready for school.
   학교 갈 준비를 하기 위해 오늘 아침 6시에 일어나야만 했어요.

3. We **had to** wait for 30 minutes before we could enter the stadium.
   경기장을 들어가는 데 30분을 기다려야만 했어요.

4. Because of cold weather, we **had to** stay at home.
   추운 날씨 때문에 집에 있어야만 했어요.

5. Why **did** the couple **have to** be separated for so long?
   왜 그 커플은 그 긴 시간 동안 떨어져 있어야만 했나요?

# ~ make my day

~ 때문에 오늘 하루가 행복해요 [기쁘네요]

---

**twitter**

**You just made my day.**
팬 여러분 때문에 오늘 하루가 행복합니다. (나의 하루를 만들어줬어요.)

---

 **나의 날을 만들어주는 상황들**

make my day는 직역하면 '나의 날을 만들어주다' 입니다. 누구 때문에 오늘이 나의 날이 된 듯 기쁠 때, 「사람 + make my day」의 꼴로 표현할 수 있지요. 또한 안 그래도 일이 꼬이고 심사가 뒤틀려 '뭐 하나 딱 걸리기만 해봐라 반쯤 죽여줄 테니~' 하며 작정하고 있는데 누가 시비를 걸 때도 있죠. '어 그래, 잘됐다, 덤빌 테면 덤벼봐'라고 상대에게 말하며 한판 붙어볼 심산일 때도 Make my day!라고 말한답니다.

1 You really **made my day**.
   당신 때문에 오늘 하루가 너무 기쁘네요.

2 Your kind email really **made my day**.
   당신의 친절한 이메일이 오늘 하루 저를 기쁘게 하네요.

3 He **made my day**.
   그 남자 때문에 오늘 하루가 너무 행복합니다.

4 You've **made my day** with that present.
   당신의 선물 때문에 오늘 하루가 너무 행복합니다.

5 He used to **make my day**.
   그 남자는 제 하루를 행복하게 해주곤 했어요.

# keep in contact(touch) with
### ~와 연락하고 지내다

---

**twitter**

honestly, the only reason why I made twitter.
To **keep in contact with** them.
솔직히 말씀드리면 제가 트위터를 만든 유일한 이유는 팬들과 연락하고 지내기 위해서입니다.

---

 **알아두면 유용한 keep 관련 구동사**

**keep an eye on** ~를 주시하다
**Keep an eye on** the baby, please! 아기 좀 지켜봐주세요!

**keep pace with** ~와 보조를 맞추다
The little child couldn't **keep pace with** her mother.
그 어린 꼬마는 엄마를 따라잡을 수 없었어.

**keep up with** ~에 뒤떨어지지 않다
It is very important for designers to **keep up with** the trends.
트렌드를 따라가는 것은 디자이너에게 매우 중요해.

---

1  I am **keeping in contact with** my old friends.
   저는 오래된 친구들과 연락하며 지내고 있어요.

2  The country is **keeping in** close **contact with** Japan.
   그 나라는 일본과 아주 가까운 관계를 유지하고 있어요.

3  I want to **keep in touch with** you.
   나는 당신과 연락하며 지내고 싶어요.

4  Smartphones make **keeping in touch with** online friends even easier.
   스마트폰은 온라인 친구들과 연락하고 지내는 것을 보다 쉽게 만들어줍니다.

5  How do I **keep in touch with** colleagues from the previous job?
   이전 직장의 동료들과는 어떻게 연락을 유지하며 지낼 수 있나요?

## 확인문제

**1** 조금 있다가 노래를 불러야 하니까요.
   Because I g_____ sing later.

**2** 그게 바로 아무리 힘들어도 계속 이 일을 해나갈 수 있는 이유예요.
   T_____ w___ I keep going no matter what.

**3** 정말이지, 여기가 정말 너무 좋아요!
   Seriously, I really d_ love here!

**4** 우리는 공연을 하기 위해 다른 도시로 비행기를 타고 이동해야만 했어요.
   We h___ t_ fly to another city 2 do the show.

**5** 당신 때문에 오늘 하루가 행복합니다!
   You just made m_ d___!

**6** 제가 트위터를 만든 유일한 이유는 그들과 연락하고 지내기 위해서입니다.
   The only reason why I made twitter is to k____ i_ c_____ w____ them.

**정답**
1. gotta  2. That's / why  3. do  4. had / to  5. my / day  6. keep / in / contact / with

**핵심 어휘**
festive 신나는
labor day 노동절
fight for right 권리를 위해 싸우다
no matter what 무엇일지라도
on a diet 다이어트 중
humorous 유머감각이 있는
tied up to the work 일이 바빠 꼼짝 못하다
seriously 심각하게
participate in ~에 참석하다
stadium 경기장
separate 분리하다
used to ~하곤 했다
honestly 정직하게

# Lance Arm-
# strong

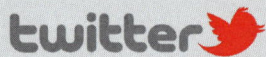

**랜스 암스트롱**

전 프로사이클 선수. 미국 출신으로 사상 최초로 7년 연속(1999년~2005년) 투르 드 프랑스를 우승했다. 7년 우승 이전에 고환암을 극복했다. 2008년에 현역에 복귀하여 투르 드 프랑스 대회에서 3년의 공백에도 불구하고 3위를 차지하였다.

# hang in there

포기하지 말고 버티세요

> **twitter**
>
> Thoughts go out to Dennis Stimart. **Hang in there**, buddy. Live strong!
> 데니스 스티마트(암스트롱처럼 암에 걸린 사람) 생각이 나네요. 포기하지 말고 버티세요, 친구. 강하게 사세요!

 **버텨! Hang in there!**

hang은 원래 '매달다'라는 뜻의 동사입니다. 암벽 등반을 하다가 발을 헛디딘 사람에게 아래서 지켜보는 사람들이 거기 매달려서 버티고 있으면 구조하러 가겠다는 어감이 담겨 있는 말이 Hang in there!이죠. '힘든 상황을 버텨내라'는 의미로 많이 쓰입니다.

1. Don't give up hope. **Hang in there**!
   희망을 저버리지 말고 버텨보세요!
2. You do need to **hang in there**!
   넌 정말 거기서 버텨내야 해!
3. A: My boss is giving me a really hard time.
   B: **Hang in there**!
   A: 회사에서 윗사람 때문에 너무 힘들어요.
   B: 포기하지 말고 버텨보세요!
4. Can you tell me how to **hang in there** when things get tough?
   상황이 힘들어졌을 때, 잘 버티는 방법 좀 알려줄래요?
5. I advised him to **hang in there**.
   그 남자한테 버티라고 충고했어요.

# on behalf of ~

~를 대신해

### twitter

My best 2 those in China at the World Cancer Congress. You're all doing such great work **on behalf of** the 28 million people living w/ cancer.
중국에 세계 암 대회에 참석 중인 이들에게 제 안부를 전합니다. 여러분은 암에 걸린 전 세계 이천팔백만 명을 대신하여 훌륭한 일을 하고 있어요.

*w/는 with의 의미

 ~ 대신에

'~을 대신하다'는 표현은 instead of가 일반적으로 쓰이고, on behalf of도 같은 의미로 쓰입니다. 그러나 on behalf of는 '~를 대리하여'라는 의미로, 말하는 사람의 의지보다는 위임이나 요청 또는 이익이나 편의를 위한 상황이 뒤따릅니다. instead of는 다른 사람을 대신하거나, 다른 것을 대신할 때 둘 다 쓰이는 표현으로 다소 가볍고, 자의적인 의미가 강합니다.

I would like you to go on an errand **instead of** Tom tomorrow.
내일 톰 대신에 자네가 심부름을 갔으면 하는데.
I am here to sign up the contract **on behalf of** my golf club.
나는 나의 골프 클럽을 대리하여 계약서에 서명하러 여기에 왔습니다.

1. I will speak to your mom **on behalf of** you.
   내가 너 대신 네 어머니께 말해줄게.
2. Jedong spoke **on behalf of** all Asian students.
   제동이가 아시아에서 온 학생들을 대표해서 말했습니다.
3. I am writing this letter **on behalf of** my mother who's in the hospital.
   병원에 계신 어머니를 대신해서 이 편지를 드립니다.
4. I came **on behalf of** my company.
   저희 회사를 대표해서 제가 왔습니다.

# be so proud to+동사원형

~하게 되서 너무 자랑스러워요

### twitter

**I'm so proud to** work w such a great group of brilliant people working to save lives around the world.

전 세계의 생명을 살리기 위해 이렇게 애쓰는 훌륭한 분들과 함께 일할 수 있다는 게 너무 자랑스러워요.

 **be proud of** *vs.* **be proud to**

「be proud of + 사람」은 누군가를 자랑스러워할 때 쓰는 표현입니다. be proud of ~에서 자랑스러운 점을 강조하고 싶을 때는 of ~만 to부정사로 살짝 바꿔 「I'm proud to + 동사원형」으로 표현해요. 자랑스러워도 보통 자랑스러운 게 아니라 '너무' 자랑스러울 때는 be동사 뒤에 so나 really 등의 부사를 살짝 넣어주고요.

### '~ 곳곳에서'라는 표현

around the country 온 나라에서
throughout the country 온 나라 곳곳에서
across the country 온 나라 곳곳에서

around the world 전 세계에서
throughout the world 온 세계 곳곳에서
across the world 온 세계 곳곳에서

1. **I am so proud to** get this award.
   이 상을 받게 되서 너무 자랑스러워요.
2. **I'm really proud to** be able to stand here.
   이 자리에 설 수 있다는 게 너무 자랑스럽습니다.
3. **I am proud of** you.
   당신이 자랑스러워요.
4. **I am so proud of** myself to pass the exam.
   시험에 합격한 제 자신이 너무 자랑스러워요.
5. **I have** always **been proud of** the fact that I am from Korea.
   제가 한국인이라는 것이 늘 자랑스러웠습니다.

# It is an hour+동사원형

~해서 영광입니다

### twitter

**Thanks to everyone @NBTA. It was an honor to** speak with you all today. Keep up the great work!

NBTA 단체 모든 여러분께 감사드립니다. 오늘 여러분 모두와 함께 얘기 나눌 수 있어 영광이었습니다. 계속 정진하시길.

*NBTA는 The National Business Travel Association(여행업계 대표 모임)의 약자로, 암스트롱은 이 단체 모임에 초대되어 암을 극복해내고 사이클에서 우승한 경험을 이야기했다.

 **'영광입니다' 관련 표현**

~하게 되어서 영광이다라는 뜻으로 사용되는 It is an honor to ~가 밋밋하게 느껴진다면 영광이라는 명사 앞에 느낌을 표현하는 형용사를 넣어주면 됩니다. It is an great honor to ~ 혹은 It is indeed an honor ~처럼 표현하면 ~하게 돼서 정말로 영광입니다라는 뜻으로 한층 업그레이드됩니다. honor 대신 특권이라는 의미의 privilege를 써도 됩니다. 특권을 받은 듯이 저에게는 영광이다라는 의미로 사용됩니다.

**It is a privilege to** get this award. 이 상을 받게 되서 영광입니다.

### 응원의 메시지를 건네는 말

Keep up the good work! 계속 수고하세요! 계속 정진하시길! (good 대신 great를 넣으면 더 강조된 느낌)
Keep it up! (잘하고 있어요!) 계속하세요!
I'll keep my fingers crossed for you. 당신이 잘되기를 기원할게요.
Break a leg. 행운을 빌어요.
Way to go. 잘하고 있어.

1 **It is an honor to** be invited. 초대되어 영광입니다.
2 **It is** such **an honor to** be here. 이 자리에 있게 되서 영광입니다.
3 **It is an honor to** present this award to Dr. Lee.
   이 박사님께 이 상을 드리게 되서 영광입니다.
4 **It was an honor to** meet you. 만나 뵙게 되서 영광이었습니다.
5 **It has been an honor to** work with you. 당신과 함께 일할 수 있어 영광이었습니다.

# must have+과거완료

~였던 게 틀림없어요

### twitter

**Whoever invented roundabouts and traffic, islands must have hated bike racing.**
로터리와 교통체계를 발명한 사람이 누구든지, 이 섬사람들은 자전거 레이싱을 싫어했던 게 틀림없어요.
*어떤 섬에 여행 갔다가 자전거를 타기가 너무 불편한 길을 만나자 한 말

 **수학적 확률로 비교하는 '과거 사건'에 대한 추측**

「must have + p.p.」는 '~였던 게 틀림없어요', '분명 ~였어요'란 의미로, 과거의 일에 대한 강한 추측을 나타냅니다. 굳이 확률로 따지자면 대략 95% 정도의 확신을 가지고 말한다는 어감이죠. 반면, 「might have + p.p.」(~였을지도 몰라요)와 「could have + p.p.」(~였을 수도 있어요)는 대략 60% 정도의 확신을 나타내는 과거의 일에 대한 추측입니다.

She didn't come to the meeting. She **might have forgotten** it.
그 여자가 회의에 오지 않았어요. 회의가 있다는 걸 잊었을 수도 있어요.
Why didn't you ask me for help? I **could have helped** you.
왜 도움을 요청하지 않았어요? 내가 도울 수도 있었을 텐데.

1 He **must have stolen** the pictures. 그가 그 그림들을 훔친 게 틀림없어요.
2 I can't find my cellphone. I **must have lost** it.
   핸드폰이 도무지 안 보이네요. 잃어버린 게 틀림없어요.
3 His picture **must have been** leaked by someone.
   그의 사진이 누군가에 의해 유출된 게 틀림없어요.
4 You **must have been** angry. 진짜 열 받았겠네요.
5 That **must have been** a tough one to swallow.
   받아들이기 힘들었겠네요.
6 That **must have cost** at least 1,000 dollars.
   그건 적어도 1,000달러는 들었을 게 분명해요.

## 확인문제

**1** 버텨보세요.

H____ in there.

**2** 여러분은 암에 걸린 이천팔백만 명을 대신하여 훌륭한 일을 하고 있어요.

You're all doing such great work o__ b_____ o__ the 28 million people living w/ cancer.

**3** 이렇게 훌륭한 분들과 함께 일할 수 있다는 게 너무 자랑스러워요.

I'm so p_____ t__ work with such a great group of brilliant people.

**4** 오늘 여러분 모두와 함께 얘기 나눌 수 있어 영광이었습니다.

It w___ an h_____ to speak with you all today.

**5** 로터리와 교통체계를 발명한 사람이 누구든지 간에, 이 섬사람들은 자전거 레이싱을 싫어했음이 틀림없어요.

Whoever invented roundabouts and traffic, islands m____ h____ h_____ bike racing.

■정답
1. Hang  2. on / behalf / of  3. proud / to  4. was / honor  5. must / have / hated

■ 핵심 어휘

**give up** 포기하다
**give a hard time** 힘들게 하다
**things get tough** 일이 힘들어지다
**do great work** 훌륭하게 일을 해내다
**brilliant** 훌륭한, 멋진
**around the world** 전 세계에서

**award** 상
**pass the exam** 시험에 합격하다
**keep up the good work** 잘하고 있습니다, 계속하세요
**invite** 초대하다
**present** 선물; 상을 수여하다
**invent** 발명하다
**roundabout** 로터리

**traffic** 교통, 교통체계
**bike racing** 사이클 경주
**leak** 유출하다
**swallow** 삼키다, 받아들이다
**at least** 적어도

# Daniel Henney

다니엘 헤니

영화배우 겸 모델. 영국계 아버지와 한국계 어머니를 둔 미국인이다. 한국에서는 드라마 〈내 이름은 김삼순〉을 통해 큰 인기를 얻었고, 영화 〈마이 파더〉로 각종 영화제에서 신인상을 휩쓸었다. 2008년에는 영화 〈엑스맨 탄생: 울버린〉에 출연하며 할리우드에 진출했다.

# take A to B

A를 B로 데려가다

### twitter

**Had to take my girl (Mango) to the vet for a check.... all good.**
제 강아지 망고의 검진을 위해 수의사에게 데려가야만 했어요. 다 괜찮다네요.

 장소와 물건의 이동 동사

bring은 이야기하는 또는 현재 있는 장소로 물건이나 사람을 옮겨올 때 사용합니다. take은 이야기하는 또는 현재 있는 장소로부터 물건이나 사람을 옮겨갈 때 사용합니다. get은 다른 장소로 가서 물건이나 사람을 원래 있던 장소로 옮겨올 때 사용합니다.

She **brought** her Spanish friend into class. 그녀는 수업에 스페인 친구를 데리고 왔다.
Don't forget to **take** your umbrella. 우산 가지고 오는 것 잊지 마.
I went upstairs to **get** my jacket. 나는 재킷을 가져오기 위해 이층으로 갔다.

### 직업 관련 약자 모음

vet = veterinarian 수의사       eng = engineer 엔지니어          mgr = manager 매니저
doc = doctor 의사              capt = captain 대위, 선장         ref = referee 심판
vp = vice president 부사장      CEO = chief executive officer 최고경영자

1. Please, **take** me **to** the airport.
   공항에 데려다주세요.
2. **Take** me **to** this address, please.
   이 주소로 저를 좀 데려다주세요.
3. **Take** this report **to** Professor Kim.
   이 리포트를 김 교수님 갖다드리세요.
4. My husband **took** John **to** school on the way to work.
   남편이 출근하는 길에 존을 학교에 데려다줬어요.
5. Would you **take** me **to** the department store this afternoon?
   오늘 오후에 저를 백화점에 좀 데려다줄 수 있으세요?

# way too+부사/형용사
## 너무 ~하게/한

### twitter
Now.... LAX to Beijing.... 3 days at home went by **way too** fast!!
지금은 북경에 가려고 LA국제공항(LAX)에 있어요. 집에서의 3일이 완전 너무 빨리 갔네요!

 **말을 더욱 강조해주는 way**

too 자체에도 '너무 ~'라는 뜻이 들어가 있지만 그 앞에 way를 넣으면 의미가 더욱 강조되죠. way too는 특히 구어체에서 자주 사용됩니다.

**회화에 자주 사용되는 국제공항명**

| LAX 로스엔젤레스 국제공항 | HKG 홍콩 국제공항 | JFK 뉴욕 케네디 국제공항 |
| SEA 시애틀 국제공항 | SFO 샌프란시스코 국제공항 | ATL 애틀랜타 국제공항 |

1  You talk **way too** much.
   넌 너무 말이 많아.

2  The weather outside is **way too** hot.
   바깥 날씨 너무 더워요.

3  It took me **way too** long to understand the manual.
   그 설명서를 이해하는 데 너무 오래 걸렸어요.

4  The owner of the house was **way too** heavy for the firefighters to rescue. 그 집주인은 소방관이 구조하기에는 너무 무거웠습니다.

5  Am I asking for **way too** much from them?
   내가 그들한테 너무 많은 걸 요구하나요?

# get the hang of ~

## ~의 감을 잡다, 익숙해지다

 Hey guys, Finally it's me (Daniel).... tryin to **get the hang of** this thing. Hmmmm.... well, see ya later Cheers.
여러분. 저예요. 트위터에 익숙해지려고 노력하고 있어요. 나중에 봐요. 힘내고요.

### 어떤 일/것이 손에 익을 때는 get the hang of

get the hang of~는 어떤 일을 하거나 어떤 것을 사용하는 법을 익혀서 익숙해진다는 의미입니다. '~가 손에 익다', '~의 감을 잡다', '~에 익숙해지다' 등과 같이 우리말로 옮길 수 있죠.

1. I can't **get the hang of** this new cellphone.
   새로 산 핸드폰이 도무지 손에 익숙해지지 않네요.
2. You'll soon **get the hang of** It.
   곧 익숙해지실 거예요. (곧 감이 올 거예요.)
3. It would take a while to **get the hang of** using Twitter.
   트위터 사용에 익숙해지려면 시간이 조금 걸릴 거예요.
4. As soon as I **get the hang of** this car, I'll be able to drive it smoothly.
   이 차에 대한 감을 잡자마자, 운전을 부드럽게 할 수 있을 거예요.
5. Once you **get the hang of** it, it will be a piece of cake.
   일단 감만 잡으면, 그건 식은 죽 먹기일 거야.

# go well

(일이) 잘되다, 잘 풀리다

> **twitter**
> Hope all you guys are doing great! Filming is **going well** here, not a lot of time to check Twitter, but I'll try.
> 다들 잘 지내길 바랍니다! 촬영은 잘 되어가고 있어요. 트위터 확인할 시간이 많이 없네요. 그렇지만 노력해 볼게요.

 알아두면 유용한 well 관련 숙어

do well 잘 하다[성공하다]    get well 병이 나아지다    be well up in ~ ~에 대해 잘 알다
leave/let well alone (자기와 상관없는 일에) 관여하지/끼어들지 않다
behave well(badly) 예절 바르게(바르지 않게) 행동하다
could/might just as well~ ~하는 것도 괜찮을 뻔했다    be well on in years(life) 상당한 나이이다

### try만큼 유명한 shot
shot은 try처럼 '시도'의 의미로 일상에서 곧잘 쓰입니다. shot이 '시도'라는 뜻일 때, long shot은 '실현되기 어려운 일'을 의미해요.
Give it a **shot**(try). 한번 시도해보세요.
I'm sure it's a long **shot**. 이건 거의 불가능한 일이에요.

1. Things are **going well**.
   모든 일이 잘 풀리고 있어요.
2. It seems to be **going well** so far.
   아직까지 잘되고 있는 것 같아요.
3. If things **go well**, I'll be promoted next month.
   만약 일이 잘 풀리면 나 다음 달에 승진할 것 같아요.
4. The surgery **went well** and I'm doing fine.
   수술은 잘 마무리돼서 지금은 괜찮아요.
5. Are things **going well** between you two?
   둘이 잘되고 있어요?

# 확인문제

**1** 제 강아지 망고의 검진을 위해 수의사에게 데려가야만 했어요.

I had to t____ my girl (Mango) t_ the vet for a check.

**2** 집에서의 3일이 완전 너무 빨리 갔네요!

3 days at home went by w___ t___ fast!

**3** 이것(트위터)에 익숙해지려고 노력하고 있어요.

I am trying to g___ t___ h____ of this thing.

**4** 촬영은 잘돼가고 있어요.

Filming is g_____ w____.

■ 정답
1. take / to   2. way / too   3. get / the / hang   4. going / well

■ 핵심 어휘
- **vet(veterinarian)** 수의사
- **for a check** 검진을 위해
- **department store** 백화점
- **manual** 사용설명서
- **owner** 주인
- **firefighter** 소방관
- **rescue** 구하다
- **smoothly** 부드럽게
- **a piece of cake** 식은 죽 먹기
- **give it a try(shot)** 시도해보다
- **long shot** 이뤄지기 힘든 일
- **promote** 승진시키다
- **surgery** 수술

# Sarah Chang

**장영주**

세계적인 바이올리니스트. 4살 때부터 바이올린을 배우기 시작했으며, 8살 때에는 뉴욕 필과 필라델피아 오케스트라와의 협연을 즉석에서 요청 받을 정도로 기량이 뛰어났다. 9살 때 EMI사에서 첫 음반이 나왔는데, 이것은 세계 최연소 레코딩 기록이다. 2004년엔 한국 출신 음악가로는 처음으로 '할리우드 보울'의 명예의 전당에 등재됐다.

# be supposed to+동사원형

~하기로 되어 있어요

### twitter

**Are**n't they (mosquitoes) **supposed to** leave people alone once the summer is over?!
여름이 지나갔으면 모기들은 사람들을 좀 내버려둬야 되는 거 아닌가요?!

 예정이나 예상을 나타내는 표현

「be projected to + 동사원형」 ~할 것으로 예상되다
The trend **is projected to** continue. 그 트렌드는 계속될 것으로 예상되는데요.

「be expected to + 동사원형」 ~할 것으로 예상되다
He **is expected to** come here by 5. 그는 5시까지 여기 올 것 같아요.

「plan to + 동사원형」 ~할 계획이다
They **plan to** build a house on the hill. 그들은 언덕 위에 집을 지을 생각이에요.

1. It **is supposed to** snow today.
   오늘 눈이 올 예정이래요.
2. Their parents **are supposed to** come here.
   그들 부모님이 여기 오기로 했어요.
3. The couple **was supposed to** leave at 6 in the morning, but they got up at 7. 그 커플은 아침 6시에 떠나기로 했으나, 7시에 일어났어요.
4. **Is**n't he **supposed to** leave for U.S. next Sunday?
   그는 다음 주 일요일 미국으로 떠날 예정 아닌가요?
5. How **am** I **supposed to** live without you?
   당신 없이 내가 어떻게 살아요?

# get(be) pulled over

차를 길가에 대라는 명령을 받다

### twitter

I **got pulled over** by a cop last night for speeding. 2nd time in my life to **get pulled over**.
지난밤 과속으로 경찰 아저씨 단속에 딱 걸렸어요. 태어나서 두 번째로 단속에 걸려보네요.

 '차를 길가에 댄다'는 의미의 pull over가 수동태로 쓰이면?

차를 몰고 가다 '길가에 댄다'라는 의미의 pull over가 be pulled over나 get pulled over와 같은 수동 형태가 되면 '차를 길가에 대라고 명령 받다'라는 의미가 됩니다. 차를 길가에 대라고 명령하는 건 보통 경찰이기 때문에 맥락상 '교통 단속을 받다', '교통 단속에 걸리다' 란 의미로 확장 해석됩니다.

**speeding** 속도위반
I have to give you a ticket for **speeding**. 속도위반으로 딱지를 떼야겠네요.

**illegal u-turn** 불법유턴
I got pulled over for making an **illegal U-turn**. 불법 유턴하다가 단속에 걸렸어요.

**run a red light** 빨간불에 지나가다
He **ran a red light** and was fined. 그 남자는 빨간불에 지나가서 벌금을 물었어요.

1 He **got pulled over**. 그는 운전 중 경찰한테 걸렸어요.
2 Drive safely to avoid **being pulled over**. 단속에 안 걸리려면 안전운전 하세요.
3 If you **are pulled over** by the police, what would do you do?
   운전 중 경찰관으로부터 단속을 받는다면 어떻게 할 건가요?
4 He installed a traffic information app. on his iPhone to avoid **getting pulled over** for speeding.
   그는 과속 때문에 딱지 끊는 걸 피하기 위해 아이폰에 교통정보 어플을 깔았답니다.
5 Do yellow cars **get pulled over** more often?
   노란색 차들은 교통 단속을 더 자주 받나요?

# I wish I could ~

~할 수 있다면 좋을 텐데(그렇지 못해 아쉽네요)

> **twitter**
>
> **I wish I could** stay longer in Korea, but I'm off to another city tomorrow for another concert.
> 한국에 좀 더 오래 머물 수 있다면 좋을 텐데, 다른 콘서트를 위해 다른 도시로 내일 떠난답니다.

 **I wish 가정법**

I wish I could ~는 현재 사실에 반대되는 소망을 나타낼 때 유용하게 쓰이는 표현이에요. 이것을 문법 용어로는 'I wish 가정법 과거'라고 하죠. 과거라고 불리는 것 때문에 헷갈려 하진 마세요. 단순히 could가 왔기 때문에 'I wish 가정법 과거'라고 불릴 뿐 (아쉬워하는) 시점은 현재라는 것을 명심하세요. 해석은 '~라면 좋을 텐데'이고요.
I wish 가정법에는 이외에도 과거의 시점에서 아쉬워하는 'I wish 가정법 과거완료'가 있습니다. 해석은 '~했더라면 좋을 텐데'이고요.
**I wish** you had passed the exam. 네가 시험에 합격했었더라면 좋을 텐데.

1. **I wish I could** fly like Superman.
   슈퍼맨처럼 날 수 있으면 좋을 텐데.
2. **I wish I could** play the violin like you.
   나도 당신처럼 바이올린을 잘 연주할 수 있으면 좋겠어요.
3. **I wish I could** attract more followers on Twitter.
   트위터에서 더 많은 팔로워들을 끌 수 있다면 좋을 텐데.
4. **I wish I could** lose weight, but I can't stop eating fast food.
   살을 좀 뺐으면 좋겠는데, 패스트푸드 먹는 걸 멈출 수가 없어.
5. A: I am going to go fishing tonight. You in?
   B: **I wish I could**, but I have to work tonight.
   A: 오늘 밤에 낚시하러 갈 건데, 너도 같이 갈래?
   B: 나도 그러고 싶은데, 밤에 일해야 해.

# have not slept a wink

한숨도 못 잤어요

### twitter

**On my way to the airport again. insanely early flight. (I) Have not slept a wink. (I) Had a great concert in Saratoga last night!**
다시 공항으로 가는 길이에요. 꼭두새벽에 비행 스케줄이 잡혔네요. 한숨도 못 잤어요. 지난밤에는 새러토가(미국 캘리포니아 주 서부의 도시)에서 멋진 콘서트를 했답니다!

 **have not slept a wink vs. couldn't slept a wink**

have not slept a wink는 '한숨도 못 잤다'는 우리말에 딱 떨어지는 표현이에요. 간밤에 한숨도 못 자서 지금 현재 그 영향을 받고 있는 느낌이지요. 반면에 couldn't slept a wink는 잠이 안 와서건, 밤새 할 일이 많아서건 '잠을 잘 수가 없어서 한숨도 못 잤다'는 어감이랍니다.

**toss and turn** 잠을 못 이루고 뒤척이다
I **tossed and turned** last night. 어젯밤에는 잠이 안와서 밤새 이리저리 뒤척거렸어요.

**stay up all night** 밤을 새다
I've gotta **stay up all night** to finish this report. 이 리포트 마무리하려면 밤을 새야 돼.

**burn the midnight oil** 밤새서 공부하다
I will **burn the midnight oil** starting today for the math exam.
수학 시험 때문에 오늘부터 밤새서 공부할 거예요.

1. I **haven't slept a wink**. I tossed and turned all night.
   한숨도 못 잤어요. 밤새 뒤척거렸거든요.
2. I was so excited about new job that I **haven't slept a wink**.
   새로운 직장 때문에 너무 흥분돼서 한숨도 못 잤어요.
3. I think she **hasn't slept a wink** last night. She looks so tired.
   그녀는 간밤에 한숨도 못 잔 것이 분명해. 완전히 피곤해 보여.
4. I **couldn't slept a wink** last night. I think I have insomnia.
   어젯밤에 한숨도 못 잤어요. 불면증이 있는 것 같아요.

# go (well) with ~

~와 (잘) 어울리네요

> **twitter**
> They totally did not **go with** my concert dress, but there was just no way I was going to last another 45 min onstage in the new Louboutins!
> 그 구두들은 제 콘서트 드레스와 전혀 어울리지 않았어요. 하지만 새 루부탱을 신고 나머지 45분 동안 무대에 서 있을 수는 없었어요.
>
> *새 루부탱 구두를 샀지만, 발이 너무 아파서 다른 구두를 신었다며 하는 말

 옷, 신발 등이 잘 어울린다고 할 때 애용되는 go (well) with

재킷이 치마랑 잘 어울린다(The jacket goes well with this skirt)거나 그 모자가 너한테 잘 어울린다(The hat goes well with you) 등과 같이 어떤 것이 다른 어떤 것이랑 잘 어울린다거나 누구한테 잘 어울린다고 말하고 싶을 때 유용하게 쓰이는 표현이 바로 go with 랍니다. 이때 go 뒤에 well을 넣어주면 '잘'의 의미가 더욱 살아나죠.

1. I think it will **go well with** you.
   내 생각에는 그거 당신과 잘 어울릴 것 같은데요.
2. Which hats **go well with** my face?
   어느 모자가 제 얼굴과 잘 어울리나요?
3. Does this picture **go well with** its background?
   이 사진과 배경이 잘 어울리나요?
4. The tie doesn't **go well with** your suit.
   그 넥타이는 당신 양복과 잘 안 어울려요.
5. I don't think this glasses **go well with** my boyfriend.
   이 안경은 내 남자 친구에겐 안 어울릴 거 같은데.

# Have you heard about ~?

~에 대해 들어보셨어요?

---

**twitter**

**Have you heard about** this Worldcup-predicting Octopus?!!
월드컵 경기에 대해서 예언하는 문어에 대해 들어봤어요?

### 🐦 현재완료 총정리

현재완료 「have(has)+p.p」는 우리말로는 '~한 적이 있다', '지금까지 죽 ~했다/한다', '~를 완료했다' 등으로 해석됩니다. 중요한 것은 과거에 일어난 동작이나 상태가 현재까지 영향을 미치고 있다는 점인 거죠.

위의 그림에서 동그라미에 해당되는 영역이 바로 현재완료예요. 마찬가지로 There have been many earthquakes in Japan.(일본에는 지진이 많이 일어났다.)라는 말은 특정 시점이 아니라 오랜 시간에 걸쳐 지진이 일어난 것이므로 단순 과거시제(were)가 아닌 현재완료(have been)로 표현합니다. 과거도 아닌 것이 현재도 아닌 것이 중간에 걸쳐 있는 녀석들을 현재완료라고 이해해두면 깔끔할 듯합니다.

1. **Have you heard about** news related to Twitter?
   트위터와 관련된 최신 뉴스 들어봤어요?
2. **Have you heard about** Erick's new girlfriend?
   에릭의 새 여친에 대해 들은 거 있어요?
3. **Have you heard about** who's going to be the next VP(vice president)?
   누가 다음 부사장이 될지 들은 거 있어요?
4. **Have you heard about** the Girl's Generation's upcoming concert?
   곧 시작될 소녀시대 콘서트에 관해 들어봤어요?
5. **Have you heard about** Social Network Service like Twitter?
   트위터와 같은 소셜 네트워킹 서비스에 대해 들어봤나요?

# 확인문제

**1** 여름이 지나갔으면 모기들은 사람들을 좀 내버려둬야 되는 거 아닌가요?

Aren't they (mosquitoes) s_____ t_ leave people alone once the summer is over?

**2** 지난밤 과속으로 경찰 단속에 딱 걸렸어요.

I got p_____ o____ by a cop last night for speeding.

**3** 한국에 좀 더 오래 머물 수 있으면 좋겠어요.

I w____ I c_____ stay longer in Korea.

**4** 지난밤에 한숨도 못 잤어요.

I have not slept _ w____ last night.

**5** 그것들은 제 콘서트 드레스와 전혀 어울리지 않았어요.

They totally did not g_ w____ my concert dress.

**6** 월드컵 경기에 대해서 예언하는 문어에 대해 들어봤어요?

H____ y__ h_____ about this Worldcup-predicting Octopus?!!

■ 정답
1. supposed / to  2. pulled / over  3. wish / could  4. a / wink  5. go / with
6. Have / you / heard

■ 핵심 어휘

| | | |
|---|---|---|
| **leave someone alone** ~를 혼자 내버려두다 | 빨간불인데도 차를 몰아 지나가다 | **insane** 미친 |
| **get up** 기상하다 | **avoid** 피하다 | **toss and turn** 잠 못 자고 뒤척이다 |
| **pull over** 차를 길 한 쪽에 대다 | **install** 설치하다 | **insomnia** 불면증 |
| **speeding** 과속 | **pass the exam** 시험에 합격하다 | **relate** 연관시키다 |
| **illegal U-turn** 불법 유턴 | **attract** 끌다 | **upcoming** 다가오고 있는 |
| **run a red light** | **be going to+동사원형** ~할 예정이다 | |

# Oprah Winfrey

**오프라 윈프리**

미국의 유명한 흑인 방송인. 어린 시절 역경을 이겨내고 꿈을 이뤄내 노력하고 도전하는 삶의 표상이 되었다. 세계에서 가장 영향력 있는 여성 중 한 명으로 평가받고 있다. 자신의 이름을 건 토크쇼 〈오프라 윈프리쇼〉로 고백적 형식의 토크쇼를 대중화시켰다.

# hang out with

~와 놀아요

> **twitter**
>
> (I'm) **Hanging out with** friends, getting ready to watch xmas special. Going caroling afterward!
> 크리스마스 특별 프로그램 볼 준비를 하면서 친구들이랑 놀고 있어요. 그 후에는 캐롤을 부르러 갑니다!

### 친구랑 '놀다'는 play 아닌가요?

친구와 '논다'라고 하면 대개 play라는 단어로 생각해냅니다. play는 게임을 하거나 경기를 할 때 보편적으로 사용되지만, 생각보다 어색한 표현이 많아요. 특히 I played with my girlfriend. 라는 표현은 sexual한 의미까지(?) 들어가는 오해를 불러일으킬 수 있습니다. '놀다'라는 표현은 hang out을 사용하면 좋습니다.

1. I like **hanging out with** friends.
   저는 친구들과 노는 걸 좋아해요.
2. Can you tell me places to go **hang out with** friends in Seoul?
   서울에서 친구들과 놀 만한 장소를 좀 알려줄래요?
3. I have no one to **hang out with** but my boyfriend.
   남자 친구 말고는 놀아줄 사람이 아무도 없네요.
4. Which group of friends should I **hang out with**?
   어떤 친구들하고 사귀어야 하나요?
5. How much do you **hang out with** friends on weekends?
   주말에 친구들하고 얼마나 놀아요?

 # if you want to+동사원형 ~, 동사원형…

~하고 싶다면, …를 하세요

---

**twitter**

Nelson Mandela is a real hero. **If you want to** honor this great man, **go** to MandelaDay.com to celebrate his life and legacy.

넬슨 만델라는 정말 영웅이에요. 만약 위대한 이 분께 존경을 표하고 싶다면, MandelaDay.com으로 가서 그 분의 삶과 우리에게 남겨준 것을 알아보길.

---

 **~를 하고 싶으면 …해야 해요**

if절이 온다고 다 가정법은 아닙니다. 가정법은 사실과 반대(사실이 아닌 것)되는 내용을 다룹니다. 「If you want ~, you should/must + 동사원형」에서 if는 조건을 나타내며, '~를 하고 싶으면 …해야 해요'라는 뜻입니다. 이처럼 앞에 If you want ~라는 단서가 붙으면 you should/must는 생략해서 많이 사용합니다.

**If you want to** succeed, (you must) **work** hard.
성공하고 싶으면 열심히 일해야 해.

**If you want** a full refund, (you should) **return** the product with the receipt.
환불받기를 원하면 영수증과 함께 상품을 가져와야 합니다.

---

1. **If you want to** change your password, **double click** this image.
   만약 비밀번호를 변경하고 싶으면, 이 이미지를 더블 클릭하세요.
2. **If you want to** make a reservation, **go** to our hotel's website.
   예약하길 원하면 저희 호텔의 웹사이트를 방문하세요.
3. **If you want to** persuade your partner, **learn** how to read his mind.
   파트너를 설득하고 싶다면, 그의 마음을 읽는 방법을 배우세요.
4. **If you want to** be a good boss, **learn** how to communicate with other people. 좋은 상사가 되고 싶으면 다른 사람과 의사소통하는 법을 배우세요.
5. **If you want to** build muscle, (you must) do this exercise.
   근육 있는 몸을 만들고 싶으면 이 운동을 해야 돼요.

# be too busy +-ing

~하느라 너무 바빠요

### twitter

Haven't tweeted — (I'**m**) **too busy** try**ing** to wrap up shows for season. kinda like school ending. getting all your papers turned in.
오랜만에 트위터하네요. 이번 시즌 쇼들을 마무리하느라 너무 바빴어요. 꼭 학교 다닐 때 학기말 같아요. 모든 과제물들을 몰아서 내야 하는.

*kinda는 kind of를 발음 나는 대로 표기한 것. 구어체에서는 많이 사용됨

 **too busy + -ing vs. too busy + to부정사**

「too busy + -ing」가 '~하느라 너무 바쁘다'는 의미라면, 「too busy + to부정사」는 '너무 바빠서 ~할 수 없다'는 전혀 상반된 의미이죠. '너무 ~해서 …할 수 없다'는 too ~ to… 용법입니다.

I'm **too busy** try**ing** to wrap up shows. 쇼를 마무리 짓느라 너무 바쁘네요.
I'm **too busy to** try to wrap up shows. 너무 바빠서 쇼를 마무리 짓지를 못해요.

#### '마무리합시다'와 관련된 표현
Let's finish up. 그만 끝냅시다.　　　That's all for today. 오늘은 여기까지입니다.
Let's wrap up here. 여기서 마무리합시다.
Let's call it a day. 이제 끝냅시다. (직장에서 업무를 마칠 때, 수업이 끝났을 때)

1. I **am too busy** prepar**ing** for the exam. 시험 준비를 하느라 너무 바빠요.
2. Jane **is too busy** cook**ing**, so she can't get the phone.
   제인이 요리하느라 너무 바빠서 전화를 못 받아요.
3. I **was too busy** clean**ing** up the floor. 바닥을 청소하느라 너무 바빴어요.
4. John didn't come the party last night because he **was** just **too busy** work**ing** for the project.
   프로젝트 작업하느라 너무 바빠서 지난밤 파티에 존이 못 왔어요.
5. I have **been too busy** do**ing** my job. That is the reason my health got worse. 일하느라 너무 바빴어요. 그게 아마 건강이 나빠진 이유인 것 같아요.

# I can't stand ~

~를 참을 수가 없어요

## twitter

**(I) Can't Stand** the RAINNNN.
비가 정말 싫어요.

 **stand의 또 다른 의미**

stand 하면 '서다'란 의미로 잘 알고 있죠? Stand up!(일어서!)에서처럼 말이죠. 그런데, stand는 '참다, 견디다'란 의미로도 많이 쓰인답니다. '참다, 견디다'란 의미로 잘 쓰이는 put up with나 endure와 같은 표현입니다. 단, 이 의미로 쓰일 경우엔 can't stand(참을 수 없다)처럼 부정형으로 쓰이는 게 일반적이에요. If you can't stand the heat, get out of the kitchen.(절이 싫으면 중이 떠나야지.)에서처럼 말이죠. 여기서 can't stand는 '참을 수 없다'는 의미입니다.

Because she **could not put up with** his arrogance, she broke up with him.
그 여자는 그 남자의 오만한 태도를 견딜 수가 없어서 헤어졌어요.

I **cannot endure to** listen to his complaints all day long.
하루 종일 그 남자의 불평을 듣는 거, 참을 수가 없어요.

1 **I can't stand** it any longer.
   더 이상은 그걸 못 참겠어요.

2 **I can't stand** her laziness.
   그 여자가 게을러서 못 참겠어요.

3 **I can't stand** anonymity in the Internet.
   인터넷의 익명성을 참을 수가 없어요.

4 **I cannot stand** my disrespectful sister any longer.
   내 버릇없는 여동생을 더는 못 봐주겠어요.

5 **I can't stand** people who make too much noise in the public places.
   공공장소에서 떠드는 사람들 때문에 견딜 수가 없어요.

# I have never been to ~

~에 가본 적이 없어요

### twitter

**Rahman agreed to give me a tour of India. I've never been (there).**
라만 씨가 저를 인도 여행 보내주겠대요. 한 번도 가본 적이 없어요.

###  트위터 속 have (never) been to의 활약상

「have been to+장소」는 '~에 가본 적이 있다'는 의미입니다. '한 번도 가본 적이 없다'는 표현은 have 뒤에 never만 넣어주면 됩니다. '~에 가본 적 있어?'라고 물어볼 때는 어떻게 할까요? 역시 have been to를 이용해 Have you ever been to ~?와 같이 말하면 돼요. 이때 ever는 경험을 강조하는 말이랍니다. there(거기에, 거기로), abroad(해외에, 해외로) 등과 같이 그 자체에 to의 의미가 들어 있는 부사의 경우에는 have (never) been 뒤에 to 없이 바로 there/abroad를 이어주면 된다는 점, 주의하세요.

**동의하다**
「agree to + 사안」
– agree to his opinion 그의 의견에 동의한다
「agree with + 사안, 사람」
– agree with him 그와 의견이 같다   agree with the opinion 그 의견에 동의한다

1  **I have never been to** college in my life.
   저는 대학을 안 나왔습니다.
2  **I have never been to** India but have always wanted to visit.
   인도를 가본 적은 없지만 항상 가보고 싶었어요.
3  **I have been to** New York twice. 저는 뉴욕에 두 번 가봤어요.
4  **Have you ever been to** China? 중국에 가본 적이 있나요?
5  **Have you ever been** abroad? 해외에 나가본 적이 있나요?

# remind me of ~

내게 ~을 생각나게 하네요

### twitter

The story **reminds me of** the current intolerance we're facing in our country toward another group of ppl.

그 얘기는 저로 하여금 우리나라 사람들이 다른 집단에 갖고 있는 현재의 비관용적인 태도를 다시 생각나게 하네요.

*유색인종이라는 이유만으로 학교에서 폭행을 당했다는 뉴스를 접하고
**ppl은 people을 의미

 **트위터 속 remind의 짤짤한 활용법**

「remind A of B」는 'A에게 B를 생각나게 하다' 라는 의미입니다. 따라서 「주어 + remind me of B」라고 하면 '주어를 보니 B가 생각난다' 는 의미이죠. 누구를 보니깐 어떤 사람이 떠오른다거나, 그 소식을 접하니까 어떤 일이 생각난다거나 할 때 유용한 표현이에요.

### another와 other 뒤에 오는 명사의 수일치

둘 다 '다른'으로 해석되지만, another person, other people처럼 another 다음에는 단수명사가, other 다음에는 복수명사가 옵니다. another group of people에서 people은 복수이지만, group of people(사람들 집단)은 단수로 취급합니다.

1 You **remind me of** her.
   당신을 보면 그 여자가 생각나요.

2 The picture **reminds me of** when I was a college student.
   이 사진은 내가 대학생이었을 때를 생각나게 하네요.

3 The news **reminds me of** the accident that happened in our town.
   그 뉴스를 보니 우리 마을에 일어났던 사건이 생각나네요.

4 The war documentary **reminds us of** a painful moment in our history.
   그 전쟁 다큐멘터리를 보니 우리 역사의 고통스러운 순간이 생각나네요.

5 Does this **remind you of** anything?
   이걸 보니 뭐가 좀 생각나요?

# 확인문제

**1** 친구들이랑 놀고 있어요.

　(I am) h_____ o___ with friends.

**2** 이 분에게 존경을 표하고 싶다면, MandelaDay.com으로 가세요.

　I_ y___ w____ t_ honor this great man, go to MandelaDay.com.

**3** 쇼를 마무리하느라 너무 바빠요.

　(I am) t___ b____ trying to wrap up shows.

**4** 비가 정말 싫어요. (비를 참을 수가 없어요.)

　I c_____ s_____ the rain.

**5** 한 번도 인도에 가본 적이 없어요.

　I h____ n_____ b____ to India.

**6** 그 이야기는 저로 하여금 우리나라가 직면하고 있는 현재의 비관용적 태도를 생각나게 하네요.

　The story r_____s me o_ the current intolerance we're facing in our country.

■ 정답
1. hanging / out  2. If / you / want / to  3. too / busy  4. can't stand  5. have / never / been
6. reminds / of

■ 핵심 어휘

| | | |
|---|---|---|
| **get ready to**+동사원형 | **make a reservation** 예약하다 | **put up with** 참다 |
| ~할 준비를 하다 | **persuade** 설득하다 | **arrogance** 오만함 |
| **afterward** 그 후에 | **wrap up** 포장하다, 마치다 | **disrespectful** 버릇이 없는 |
| **honor** 경의를 표하다 | **turn in** 제출하다 | **intolerance** 비관용 |
| **legacy** 유산 | **get the phone** 전화를 받다 | **tolerance** 관용 |

# Dalai
# Lama

**달라이 라마**

티벳의 정치와 종교 지도자. 제14대 달라이 라마인 '텐진 갸초(Tenzin Gyatso)'는 인도 다람살라에 망명 정부를 세우고 평화와 비폭력 정신으로 티벳의 독립과 세계의 평화를 위해 헌신하고 있다. 1989년 노벨 평화상을 수상하였다.

# the important thing is that 주어+동사

중요한 것[핵심]은 ~라는 겁니다

### twitter

**The important thing is that** our day-to-day life should be meaningful, that our attitude should be positive, happy and warm.
중요한 것은 우리의 하루하루 삶이 의미 있어야 하며, 삶에 대한 우리의 태도가 긍정적이고, 밝고 따뜻해야 한다는 거예요.

 **명사절이란**

명사는 문장 안에서 주어, 목적어, 보어 기능을 합니다. 절은 주어와 동사가 있는 것이지요. 따라서, 명사절은 주어와 동사로 이루어진 절이 문장 안에서 명사 기능을 하는 것을 말합니다. The important thing is 다음의 명사 자리에 time(중요한 것은 시간이다)이나 money(중요한 것은 돈이다) 같은 명사 대신에 들어간 문장(주어+동사)을 명사절(접속사+주어+동사=명사)이라고 부른답니다.

1 **The important thing is that** she is innocent.
중요한 것은 그녀는 무죄라는 것입니다.

2 **The important thing is that** we will win this game.
중요한 것은 우리가 이 경기를 이길 것이란 겁니다.

3 Well, **the important thing is that** you have violated the law.
요점은 당신이 법을 위반했다는 것입니다.

4 I don't care about what he said, but **the important thing is that** I trust you. 그가 말한 것은 개의치 않아요. 중요한 건 내가 당신을 믿는다는 겁니다.

5 **The important thing is that** the game is not finished yet. If there is only one percent of possibility of winning then we have to keep going on. 중요한 건 아직 경기가 끝나지 않았다는 것입니다. 1퍼센트 승리의 가능성만 있어도 우리는 앞으로 나아갈 겁니다.

# the+비교급 ~, the+비교급 …

~하면 할수록, 더 …해요

### twitter

**The more** we truly desire to benefit others, **the deeper** the peace and happiness we experience.
진정으로 다른 사람을 더 이롭게 하고자 하면 할수록 우리는 더욱더 깊은 평화와 행복을 경험하게 됩니다.

 **생활 밀착형 비교급 패턴**

「the+비교급+주어+동사, the+비교급+주어+동사」는 '~하면 할수록 더욱 더 …하다'라는 의미입니다. 위 문장은 the deeper 다음의 「주어+동사」 대신에 the peace and happiness를 가져와 강조한 변형 패턴입니다. The sooner it is, the better it is.(빠르면 빠를수록 더 좋다.) 같은 경우도 맥락상 쌍방이 알고 있는 it is를 모두 생략하고 The sooner the better. 과 같이 굳어져 쓰입니다.

1 **The more you gain the more you have to lose.**
   살이 더 찔수록 빼야 할 게 더 많아요.

2 **The more the better.**
   많으면 많을수록 좋습니다.

3 **The farther south** you live, **the more tanned** you likely get.
   남쪽에 갈수록 얼굴이 더 잘 탑니다.

4 **The harder** I try to forget her, **the more** I miss her.
   그녀를 잊으려고 더 노력하면 할수록 더 그리워지네요.

5 **The older** one get, **the faster** time goes by.
   나이가 들수록 시간이 더 빨리 가네요.

# A as well as B

B뿐만 아니라 A도

### twitter

We need to cultivate and reinforce our positive qualities **as well as** stopping negative thoughts and emotions.
우리는 나쁜 생각과 감정을 억눌러야 할 뿐만 아니라 우리 안의 긍정적인 부분들은 잘 기르고 강화해야 합니다.

 **알아두면 유용한 A와 B가 나오는 숙어**

B as well as A = Not only A but also B A뿐만 아니라 B
both A and B A, B 둘 다
either A or B A, B 둘 중 하나(선택해야 하는 상황)
not A but B A가 아니라 B
neither A nor B A, B 둘 다 아니다
whether A or B A든지 B든지(선택하든 말든 상관 안 하는 상황)

**감정과 관련된 표현 정리**

emotional 감정적인 ↔ reasonable 이성적인
positive 긍정적인 ↔ negative 부정적인
altruistic 이타적인 ↔ egoistic, selfish 이기적인
amicable 우호적인 ↔ hostile 적대적인
cynical 냉소적인 ↔ optimistic 낙관적인

1 She speaks Chinese **as well as** English.
   그녀는 영어뿐만 아니라 중국어도 말해요.
2 He is humorous **as well as** handsome.
   그는 잘생겼을 뿐만 아니라 유머러스합니다.
3 Twitter is gaining popularity from all around the world **as well as** Korea. 트위터는 한국에서뿐만 아니라 전 세계에서 인기를 얻고 있어요.
4 Our dog is biting us **as well as** other dogs.
   우리 개가 다른 개들뿐만 아니라 우리까지 물고 있어요.
5 Twitter users can upload videos **as well as** pictures.
   트위터 사용자들은 사진뿐만 아니라 비디오까지 업로드할 수 있습니다.

 # the reason(why) 주어+동사 is that 주어+동사

~한 이유는 바로 …때문입니다

**the reason why** love brings the greatest happiness **is** simply **that** our nature loves it above all else.
사랑이 가장 큰 행복을 가져다주는 이유는 우리가 천성적으로 사랑이란 것을 세상 무엇보다 더 소중히 여기기 때문입니다.

### '역전앞'처럼 중복 표현인 the reason why!

reason과 why는 중복되는 표현이기에 요즘에는 why 대신 that을 더 많이 사용합니다. 그러나 그렇게 되면 이 문장에서는 that이 두 번 나오는 꼴이 되기 때문에 부드럽게 why와 that을 사이좋게 넣어준 듯하네요. why나 that은 둘 다 생략 가능합니다.

The reason $ people are not successful is $ they haven't done their best.
사람들이 성공하지 못하는 이유는 최선을 다하지 않았기 때문입니다. ($ 자리에 that이 생략됐습니다.)

1 **The reason** he has so many followers **is that** he replies to every single posting.
그에게 팔로워가 그렇게 많은 이유는 그는 모든 게시물 하나하나에 답글을 달아주기 때문입니다.

2 **The reason** he is sweating **is that** he ran all the way to school.
그가 지금 땀 흘리는 이유는 학교 오는 내내 뛰어왔기 때문입니다.

3 **The reason** people find it so hard to be happy **is that** they always compare themselves with others.
사람들이 행복을 찾기가 쉽지 않은 이유는 다른 사람과 항상 비교하기 때문입니다.

4 **The reason** we are losing this game **is that** our defense is terrible.
우리가 경기에서 지고 있는 이유는 우리의 수비가 형편없기 때문입니다.

5 **The reason** many people still feel hungry after having meal **is that** their body is not getting the nutrients it needs.
식사를 한 이후에도 사람들이 배고픔을 호소하는 것은 인체가 필요로 하는 영양물을 섭취하지 않았기 때문입니다.

# having a good heart

마음을 가지는 것

### twitter

**Having** a good heart and benefiting others are proper attitudes for everyone, whether they are spiritual practitioners or not.
성직자든 아니든 따뜻한 마음과 남을 도우려는 자세는 누구에게나 필요한 태도입니다.

 **진행형으로 쓸 수 없는 동사**

have, own, belong처럼 소유의 의미로 쓰이는 동사는 진행형을 쓸 수 없습니다. have는 I'm having a wonderful time.(즐거운 시간을 보내고 있어요.)에서처럼 소유의 의미가 아닌 경우에는 진행형으로 쓸 수 있답니다. having a heart(마음을 가지는 것)도 진행형이 아니라 동명사(~하는 것)입니다.

I'm having two cars. (x) I **have** two cars. (o)

그 외에, 진행형이 불가능한 동사는 다음과 같습니다.

**인식**: know, think, believe, mean, forget, remember 등
I'm knowing him. (x) → I **know** him. (o)

**마음**: hate, like, miss, love, dislike 등
I'm missing you. (x) → I **miss** you. (o)

**상태**: resemble, be동사 등
She's resembling her mother. (x) → She **resembles** her mother. (o)

1. I **have** (am having) lovely children. 저는 사랑스런 아이들이 있습니다.
2. I **believe** (am believing) him. 그를 믿어요.
3. I **think** (am thinking) this pizza is great. 이 피자 환상적인데요.
4. The newly opened theater in Sinchon **resembles** (is resembling) the Opera house in Sydney.
   신촌에 새롭게 문을 연 극장은 시드니의 오페라하우스랑 닮았습니다.
5. I really **hate** him. (I am really hating him.) 그가 너무 싫어요.

확인문제

1  중요한 것은 우리의 하루하루 삶이 의미 있어야 한다는 것입니다.
   The i_____ t_____ i_ that our day-to-day life should be meaningful.

2  진정으로 다른 사람을 더 이롭게 하고자 하면 할수록 우리는 더욱더 깊은 평화와 행복을 경험하게 됩니다.
   T___ m____ we truly desire to benefit others, t___ d_____ the peace and happiness we experience.

3  우리는 나쁜 생각과 감정을 억눌러야 할 뿐만 아니라 우리 안의 긍정적인 부분들은 잘 기르고 강화해야 합니다.
   We need to cultivate and reinforce our positive qualities a_ w____ a_ stopping negative thoughts and emotions.

4  사랑이 가장 큰 행복을 가져다주는 이유는 우리가 천성적으로 사랑이란 것을 소중히 여기기 때문입니다.
   T___ r_____ (why) love brings the greatest happiness is simply t____ our nature loves it.

5  성직자든 아니든 따뜻한 마음과 남을 도우려는 자세는 누구에게나 필요한 태도입니다.
   H_____ a good heart and benefiting others are proper attitudes for everyone, whether they are spiritual practitioners or not.

■정답
1. important / thing / is  2. The / more / the / deeper  3. as / well / as  4. The / reason / that  5. Having

■ 핵심 어휘

day-to-day life 일상생활
attitude 태도
innocent 결백한
violate the law 법을 위반하다
keep going on 계속 진행시키다
desire ~하기를 바라다
farther 더 멀리
tan 살을 태우다

cultivate 경작하다, 키우다
reinforce 강화시키다
quality 질, 특성(↔ quantity 양)
popularity 인기
bite 물다
nature 천성, 타고난 면
above all else 무엇보다도, 특히
posting 게시물

sweat 땀 흘리다
nutrient 영양분
proper 알맞은, 적당한
spiritual 정신적인
practitioner 실행하는 사람
resemble 닮다

# Ye-eun (WonderGirls)

예은(원더걸스)

원더걸스(WonderGirls)는 대한민국의 5인조 여성 아이돌 그룹이다. 〈Tell Me〉로 대한민국에서 큰 열풍을 불러일으켰다. 멤버 예은은 메인 보컬이다.
*미국에서는 발음하기 편하게 Yeni 또는 Yenny라는 애칭을 사용

# be/get addicted to

~에 중독되다, 푹 빠지다

> **twitter**
> I think im **getting addicted to** twitter. cant stoo(p) looking at it!
> 트위터에 점점 중독되고 있는 것 같아요. 안 볼 수가 없어요.

### 푹 빠져서 헤어 나올 수 없을 때는 be addicted to

사람에든 물건에든 일에든 푹 빠졌을 때 우리는 '중독됐다'는 말로 곧잘 표현합니다. 이에 딱 맞아떨어지는 영어 표현이 be addicted to예요. 이때 be동사 대신 get을 써도 같은 맥락이지만, get addicted to는 '점점 중독되다'란 변화의 느낌이 살짝 묻어납니다. to 뒤에 중독된 대상을 명사(형)로 써줍니다.

**'몰두하다, 중독되다'의 표현**
give oneself over to ~에 몰두하다
be indulged in ~에 몰두하다
be crazy about/for ~ ~에 미치다
devote oneself to ~ ~에 전념하다, ~에 빠지다

1 I**'m addicted to** you.
   저 당신한테 완전히 빠졌어요.

2 Koreans **are addicted to** instant coffee.
   한국 사람들은 인스턴트커피에 중독됐어요.

3 If you think you**'re addicted to** the Internet, asking for help is important. 만약 당신이 인터넷에 중독됐다고 생각된다면, 도움을 요청하는 것이 중요합니다.

4 **Am** I too **addicted to** the Twitter?
   제가 너무 트위터에 빠진 건가요?

5 Why **are** they so **addicted to** the idol group?
   그 사람들은 왜 그렇게 아이돌 그룹한테 완전히 빠진 거예요?

# me neither

저도 아니네요

---

**twitter**

the ball said "cannot predict now." **me neither** but i'll do my best to make it happen!

(미래를 알려주는 수정 구슬을 언급하며) 그 구슬은 현재 예언할 수 없다네요. 저도 예언 못 해요. 그렇지만 그것을 해낼 수 있게 최선을 다할 거예요!

---

 **부정문에 대한 동의를 나타낼 때 쓰이는 me neither!**

I don't like him.(나는 그 사람이 싫어.)이라고 상대방이 말할 때 '나도 그 사람이 싫어.'라고 하고 싶으면 I don't like him, either.나 Neither do I.로 맞장구 칠 수 있지요. 그런데 이런 말들보다 더 간단한 답변이 바로 Me neither. 이랍니다. 「Neither 동사+I」로 말하면, 상대가 사용하는 동사에 맞춰 항상 동사의 종류와 자리, 시제 등을 맞춰야 하지만, Me neither.는 상대가 일반동사를 쓰든 be동사를 쓰든 무조건 Me neither.로 대답하면 되니 매우 편리하죠.

1. A: I don't like her.  B: **Me neither**.
   A: 저는 그 여자가 싫어요. B: 저도 싫어요.
2. A: I don't know what it is.  B: **Me neither**.
   A: 그게 뭔지 모르겠어요. B: 저도 몰라요.
3. A: I can't wait for the ski season.  B: **Me neither**.
   A: 스키 시즌이 어서 빨리 왔으면 좋겠어. B: 나도 그래.
4. A: I don't think we can win this game.  B: **Me neither**.
   A: 이번 게임은 이길 수 없을 것 같아요. B: 저도 그렇게 생각해요.
5. A: I can't stand his attitude anymore.  B: **Me neither**.
   A: 그 남자의 태도를 더 참을 수가 없어요. B: 저도 참을 수가 없어요.

# What's the+최상급 형용사+명사 ~?

## 가장 ~한 건 뭔가요?

### twitter

**What's the most** famous food in singapore!?
싱가포르에서 가장 유명한 음식이 무엇인가요?

 **최상급 관용표현**

at least 적어도
at (the) most 많아야, 기껏해야
at best 기껏, 아무리 잘 보아도
do one's best 최선을 다하다
make the best of 최대한 이용하다
at first 처음에는
at (the) worst 최악의 경우
not ~ in the least 전혀 ~ 아니다, 조금도 ~하지 않는다
to say the least 에누리 없이 말해서(과장하지 않고 말해서)

not ~ in the least 전혀 ~ 아니다, 조금도 ~하지 않는다
for the most part 대부분
at one's best 가장 좋은 상태에, 전성기에
for the best 가장 좋다고 생각하여
to the best of my knowledge 내가 아는 한에 있어서는
at (the) latest 늦어도
breathe one's last(= die) 숨을 거두다

1. **What's the most** impressive movie you have watched?
   당신이 본 영화 중 가장 인상 깊은 것은 무엇인가요?
2. **What's the best** way to get to the Seoul station?
   서울역으로 가려면 어떤 길이 가장 좋은가요?
3. **What's the best** temperature for beer?
   맥주를 마시기에 최적의 온도는 얼마인가요?
4. Your Twitter is so boring **to say the least.**
   있는 그대로 말하는건데 당신의 트위터는 너무 재미없어요.
5. I did **not in the least** expect to meet you here.
   당신을 여기서 만날 것이라고는 전혀 예상을 못했어요.

# thanks to ~

## ~ 덕분에

I do know some french words **thanks to** my friends from switzerland, but I don't know how to write them.... Lol :)

스위스에서 온 제 친구들 덕분에 프랑스어 단어를 몇 개 알아요. 그렇지만 어떻게 쓰는지는 모른답니다. ㅋㅋㅋㅋㅋㅋ

### due to *vs.* thanks to

thanks라는 말에서 감이 오듯, 「thanks to + 명사」는 '~ 덕분에, ~ 덕택에'라는 뜻으로, 잘 된 일에 대한 이유를 댈 때나 공을 다른 이에게로 돌릴 때 쓰는 표현입니다. thanks to his help(그 남자의 도움 덕분에), thanks to her(그 여자 덕분에), thanks to our effort(우리의 노력 덕택에) 등과 같이 사용하기도 하고, Thanks to Mom!(엄마에게 감사해요!)처럼 사용하기도 하니 상황에 따라 살짝 구분해 사용하세요! 반면에 「due to + 명사」는 '~ 때문에, ~로 인해'란 의미로 상황이나 남을 탓할 때 사용합니다.

from Switzerland처럼 나라명 앞에는 관사가 생략되지만 예외가 있습니다.

**the** U.S., **the** Republic of Korea

1. **Thanks to** the player's goal right before the end of the game, we won.
경기 직전에 터진 그 선수의 골 덕분에 우리가 이겼어요.

2. Twitter is gaining more and more popularity **thanks to** smartphones.
스마트폰 덕분에 트위터가 더욱더 많은 인기를 얻고 있어요.

3. **Thanks to** the traffic update information on the radio, we could arrive in time. 라디오의 실시간 교통정보 덕분에 우리는 제시간에 도착할 수 있었어요.

4. I could complete my assignment, **thanks to** your help.
너의 도움 덕분에 내 과제를 마무리할 수 있었어.

5. I know that our company is expanding **thanks to** the each employee's hard work. 직원 한 사람, 한 사람의 노력 덕택에 회사가 성장하고 있다는 것을 저는 알고 있습니다.

## 확인문제

**1** 트위터에 점점 중독되고 있는 것 같아요.

I think I'm getting a_____ t_ twitter.

**2** 저도 아니에요. ('저도 몰라요' 혹은 '저도 싫어해요' 등의 부정에 대한 동의)

M_ n_____.

**3** 싱가포르에서 가장 유명한 음식이 무엇인가요?

W____ i_ t___ m____ famous food in Singapore?

**4** 스위스에서 온 제 친구들 덕분에 프랑스어 단어를 몇 개 알아요.

I know some French words t_____ t_ my friends from Switzerland.

■ 정답
1. addicted / to  2. Me / neither  3. What / is / the / most  4. thanks / to

■ 핵심 어휘
**instant coffee** 인스턴트커피     **assignment** 과제
**predict** 예언하다               **expand** 확장되다

# Michelle Wie

**미셸위(위성미)**

한국계 미국 여자 프로골프 선수. 폭발적인 장타로 여자 타이거우즈란 별칭이 있다. 16살 때인 2005년에 프로에 데뷔했다. 2009년에 생애 첫 LPGA 우승을 차지했다.

# It has been+기간+since ~

~한 지 …나 시간이 흘렀네요

> **twitter**
>
> Just saw the date and I can't believe **it has** already **been** 9 years **since** 9/11. God bless.
> 방금 날짜를 봤는데, 911테러가 일어난 지 벌써 9년이나 시간이 흘렀다는 게 믿기지 않네요. 신의 축복이 있기를.

### 생활 밀착형 현재완료 패턴

'~한 지 얼마나 됐다' 는 말, 정말 많이 하죠? 영어로는 「It has been+얼마나+since ~」입니다. 여기 미셸 위처럼 부사 already를 살짝 끼워 넣어주면 시간이 '벌써' 그렇게 지났다는 의미가 강조됩니다. 여기서 since는 전치사로도, 접속사로도 쓰이기 때문에 뒤에는 명사가 올 수도, 완전한 문장이 올 수도 있답니다. since 뒤에 문장을 써줄 경우에는 since I met you처럼 동사 자리에 '과거형' 을 써야 한다는 점에 주의하세요!

1 **It's been** 3 months **since** I started tweeting.
   트위터를 한 지 3개월이 되어가네요.

2 **It has been** 5 years **since** we got married.
   우리가 결혼한 지 5년이 다 되어가네요.

3 **It's been** a long time **since** I saw you.
   이게 도대체 얼마만인가요?

4 How long **has it been since** you came here?
   여기는 얼마나 오래 있었나요?

5 **It has been** a while **since** I tweeted on the timeline.
   트위터 타임라인에 수다를 떨어본 지가 꽤 된 듯해요.

# be in the mood for+명사
~하고 싶은 기분이에요, ~가 당겨요

### twitter
Thanks for all the recommendations!! I **was in the mood for** a semi scary movie so I watched *silent hill*. Was pretty entertaining.
추천들 해줘서 감사합니다! 저는 약간 무서운 영화가 보고 싶어서 〈사일런트 힐〉을 봤어요. 꽤 재밌었답니다.

 **be in the mood for** *vs.* **be in the mood to**

'술이 당긴다', '영화가 당긴다' 같은 말 자주 하잖아요. 이렇게 뭔가가 먹고 싶고, 마시고 싶고, 보고 싶은 기분이 들 때 쓸 수 있는 표현이 바로 be in the mood for와 be in the mood to랍니다. 단, for 뒤에는 명사를 쓰는 반면, to 뒤에는 동사원형을 써야 합니다.

**감정을 나타내는 단어**

scary 무서운　　　　　terrible 끔찍한　　　　gloomy 우울한　　　melancholy 우울한
hysterical 신경질적인　 indignant 화난　　　　lonely 외로운　　　joyful 즐거운
entertaining 재미있는　 romantic 낭만적인

1　I **am in the mood for** pizza.
　　피자가 먹고 싶네요.

2　When I **was in the mood for** a drink, I called to my friend.
　　술 한 잔이 당겼을 때, 친구한테 전화했어요.

3　What **are** you **in the mood for** dinner?
　　저녁으로 뭐가 당기나요? (저녁에 뭐 먹고 싶나요?)

4　I **am** not **in the mood to** run today.
　　오늘은 달리기 할 기분이 아니에요.

5　I don't think they **are in the mood to** study.
　　제 생각에는 걔들은 공부할 기분이 아닐 거 같아요.

# Were it not for ~ / Had it not been for ~

~가 없다면 / ~가 없었다면

> **twitter**
>
> Thank you everyone for the congrats!! nothing would be made possible **if it werent for** you guys! much thanks to leadbetter for always.
> 축하해준 여러분 모두 감사해요!! 여러분이 없었다면 이 모든 게 불가능했을 거예요. 특히 리드베터(미셸 위의 골프강사)한테 늘 고맙고요.
>
> *LPGA(미국여자프로골프) 투어 캐나디안여자오픈에서 우승 후 올린 트윗
> **werent는 weren't의 의미

 **가정법의 도치**

가정법 과거는 현재 사실에 반대되는 일을 가정하며, 형태는 「If+주어+과거동사 ~, 주어+would/should/could/might+동사원형」입니다.

가정법 과거완료는 과거 사실에 반대되는 일을 가정하며, 형태는 「If+주어+had+과거분사 ~, 주어+would/should/might/could+have+과거분사」입니다.

Were it not for는 가정법 과거인 If it were not for(~가 없다면)에서 If가 생략되면서 주어와 동사의 위치가 바뀐 형태입니다. 가정법 과거완료형인 If it had not been for ~(~가 없었다면)도 간단히 줄여서 Had it not been for ~로 사용합니다.

1. **Were it not for** the Internet, it would be impossible to tweet.
   인터넷이 없다면 트윗하는 것은 불가능할 거예요.
2. **Were it not for** air, people could not live even a single day.
   공기가 없다면 사람들은 단 하루도 살지 못할 거예요.
3. **Had it not been for** my mom, what would I have done?
   엄마가 없었다면, 나는 어떻게 했을까요?
4. **Had it not been for** the traffic jam, I would have been there on time.
   차만 안 막혔으면 제시간에 도착할 수 있었단 말이에요.
5. **Had it not been for** his help, I could not have finished my report.
   그 남자의 도움이 없었더라면 내 리포트를 마치지 못했을 거예요.

# on top of ~

## ~뿐 아니라

> **twitter**
> i predict my life would be better after today. i have 2 midterms **on top of** practice and workouts!
> 오늘 이후부터는 제 인생이 좀 나아질 거라 예상하고 있어요. 연습과 운동뿐만 아니라 중간고사까지 2개 있어요!

 트위터에서 활용되는 '~뿐만 아니라' 관련 표현

in addition to ~뿐만 아니라
**In addition to** teas, the cafe offers breakfast.
그 카페에서는 차뿐만 아니라 아침식사까지 됩니다.

not (only) ~, but (also) … = … as well as ~  ~뿐만 아니라 …도
The cafe provides **not only** teas **but** breakfast.
그 카페에서는 차뿐만 아니라 아침식사까지 됩니다.

1. **On top of** cancer, she is also suffering from diabetes.
   그 여자는 암뿐만 아니라 당뇨병으로도 고생하고 있어요.
2. If you want to lose some weight, care about your drink **on top of** your food. 만약 체중을 감량하고 싶다면 먹는 것뿐만 아니라 마시는 것에도 신경을 쓰세요.
3. **On top of** being lazy, she's unfriendly.
   그 여자는 게으를 뿐만 아니라, 불친절하기까지 합니다.
4. We won! **On top of** that, we even received a prize.
   우리가 이겼어요! 그뿐 아니라 상금까지 받았어요.
5. The country's economy is in confusion; **on top of** that, many people are dying from malnutrition.
   그 나라의 경제는 혼란 상태예요. 그뿐 아니라, 사람들이 영양실조로 죽어가고 있어요.

# turn out

~로 밝혀지다

> **twitter**
> (Be) about to go bake some vegan banana nut muffins! Muffins **turned out to be** a success! yayyyy :) check them out.
> 채식주의자를 위한 바나나 땅콩 머핀을 구워보려던 참이에요!
> (잠시 후) 머핀이 성공적으로 나왔네요! 확인해보세요.

 **turn out을 활용하는 방법**

turn out은 '~로 밝혀지다' 라는 의미예요. 그래서 '주어가 ~라고 밝혀지다' 라는 말을 하고 싶으면 「주어+turn out to be ~」 또는 「It turns out that 주어+동사」의 형태로 말하면 된답니다. 또, turned out 다음에 well, fine, all right 등이 붙으면 '결국 잘됐다' 는 뜻이고, turned out badly가 되면 '결국 잘 되지 않았다' 는 의미가 되죠.

1. Fortunately, everything **turned out** all right.
   다행스럽게도 다 괜찮은 것으로 밝혀졌어요.
2. The rumors about him **turned out to be** true.
   그에 관한 루머들이 사실인 것으로 밝혀졌어요.
3. **It turned out that** he had stolen this car.
   그가 이 차를 훔친 것이 밝혀졌어요.
4. The M&A **turned out to be** a very good business for our company.
   인수합병이 우리 회사로서는 아주 좋은 거래였다는 것이 밝혀졌어요.
5. Have your goals **turned out to be** the same as your family's?
   당신이 목표했던 바와 가족들이 목표하는 바가 같았나요?

# the other day while I was +-ing

며칠 전 ~을 하다가

**I saw some huuuge turtles the other day while I was paddle boarding.**
며칠 전 노 젓는 보드를 타다가 엄청 큰 거북이를 봤어요.

### 「the other day while I was + -ing ~」의 활용법

the other day는 '요 며칠 전'이란 의미이고, while은 '~하는 동안, ~하다가'란 의미의 접속사죠. 따라서 「the other day while I was+-ing ~」는 '요 며칠 전에 ~를 하다가'란 의미입니다. 그런데 이 표현만으로는 완전한 말이 될 수 없잖아요. '요 며칠 전 ~하다가 …했어'처럼 '…했어'에 해당되는 문장이 있어야 의미를 전달할 수 있는 거죠. 결국 「the other day while I was +-ing ~, 주어+과거동사~」 패턴이 되겠네요. 이때 주어가 I인 경우에는 while절의 I was는 생략할 수 있답니다. 또, -ing ~ 자리에는 in the office(사무실에 있는) 같은 그 시점의 상황을 나타내는 부사구가 들어갈 수도 있어요.

**시기를 뭉뚱그려 표현한 말**

in these days 요즘에는　　nowadays 오늘날에는　　at that time 그때에는
in those days 그 당시에는　　the other day 며칠 전

1. **The other day while I was** surf**ing** the company's web site, I found lots of errors. 며칠 전 그 회사의 웹사이트를 둘러보다가, 오류를 많이 발견했어요.
2. **The other day while I was** wait**ing** for a bus, I ran into John.
며칠 전 버스를 기다리다가 우연히 존을 만났어요.
3. I saw the movie star **the other day while** shopp**ing** in the department store. 며칠 전 백화점에서 쇼핑하다가 그 영화배우를 봤어요.
4. I was reminded of my grandpa **the other day while** water**ing** my plants. 며칠 전 화초에 물을 주다가 할아버지가 생각났습니다.
5. The fire alarm went off **the other day while I was in** the office.
며칠 전 사무실에 있을 때, 화재경보기가 울렸어요.

# get in the way of ~

~에 방해되고 있어요

### twitter

**Rainnnn gooo awayy!!! Ur def getting in the way of my practice!!**
비야 그만 가버려라!!! 네가 내 연습을 완전히 방해하고 있어!!

*def는 definitely(확실히)의 의미

 **남의 길 안에 있다는 건 '방해가 된다'는 의미**

get in the/one's way는 '방해가 된다'는 의미예요. 구체적으로 무엇에 방해가 되는지를 밝히고 싶다면 뒤에 「of+(동)명사」를 붙여주면 된답니다.

**'방해하지 마라'의 표현**
Don't disturb me. 방해하지 마.
Get out of my way. 좀 그만해. (비켜줄래.)
Please, don't interrupt me. 방해하지 마.
Don't bug me. 귀찮게 하지 마.
Don't bother me. 귀찮게 좀 하지 마.
Go away! 저리 가버려! (꺼져!)

1. He is always **getting in the way**.
   그 남자는 항상 방해가 돼요.
2. Never let the fear of failures **get in your way**.
   실패에 대한 두려움이 당신을 방해하도록 놔두지 마세요.
3. The loud music sound is **getting in the way of** my study.
   그 큰 음악 소리가 제 공부를 방해하고 있다고요.
4. What is the obstacle **getting in the way of** your dreams?
   당신이 꿈을 이루는 데 방해가 되는 장애물은 무엇인가요?
5. Does Twitter **get in the way of** getting focused on your work?
   트위터가 일에 집중하는 데 방해가 되나요?

## 확인문제

**1** 911테러가 일어난 지 벌써 9년이나 흘렀네요.

It h___ already b____ 9 years since 9/11.

**2** 약간 무서운 영화를 보고 싶어요.

I am i_ t___ m____ f___ a semi scary movie.

**3** 여러분이 없었더라면 이 모든 게 불가능했을 거예요!

Nothing would been possible if i_ w____ n___ f___ you guys!

**4** 연습과 운동뿐만 아니라 중간고사까지 2개 있어요!

I have 2 midterms o_ t___ o_ practice and workouts!

**5** 머핀은 성공적인 것으로 밝혀졌어요! (잘 구워졌어요!)

Muffins t_____ o___ to be a success!

**6** 며칠 전 노 젓는 보트를 타다가 엄청 큰 거북이를 봤어요.

I saw some huge turtles t___ o_____ d___ w_____ I was paddle boarding.

**7** 당신이 내 연습을 방해하고 있어요!

You are g____ing i_ t___ w___ of my practice!

■정답
1. has / been  2. in / the / mood / for  3. it / were / not / for  4. on / top / of  5. turned / out
6. the / other / day / while  7. getting / in / the / way

### ■ 핵심 어휘

**get married** 결혼하다
**recommendation** 추천
**semi** 반의, 어느 정도의
**entertaining** 즐거운
**congrats(= congratulate)** 축하하다
**traffic jam** 교통체증
**on time** 정각에

**provide** 공급하다
**cancer** 암
**suffer from** ~로부터 고통을 겪다
**diabetes** 당뇨병
**lose weight** 살을 빼다
**lazy** 게으른
**confusion** 혼란
**vegan** 채식주의자

**check out** 확인하다
**surf the net** 웹서핑을 하다
**run into** 우연히 만나다
**water** 물주다
**fire alarm** 화재경보기
**go off** 벨이 울리다

# John Park

존박

한국계 미국인으로 대한민국 가수. 2010년 〈Mnet 슈퍼스타K2〉에서 준우승하였다. 같은 해인 2010년 〈FOX 아메리칸 아이돌 시즌9〉에서 TOP20까지 든 바 있다.

# be around the corner

~가 바로 코앞이네요

> **twitter**
> 
> Mother's Day **is around the corner**! How are you celebrating it?
> 어머니날이 바로 코앞이네요! 어떻게 축하해드릴 계획이세요?

### around the corner의 다양한 활약상

be around the corner는 '모퉁이를 돌면 있다', 즉 '바로 코앞'이라는 의미의 숙어입니다. 글자 그대로 어떤 장소를 알려줄 때도 쓸 수 있지만, '여름방학이 코앞으로 다가왔다', '곧 경기가 회복된다'고 할 때처럼 어떤 특정 시기나 현상이 곧 다가온다고 할 때도 유용하게 쓰인답니다. around 앞에 just를 넣어 be just around the corner라고 하면 '곧'이란 어감이 더욱 강조되죠.

#### around의 다양한 표현
Stop bossing me **around**. 나한테 이래라 저래라 하지 마.
I am hanging **around** with my friends. 친구들과 빈둥대며 노는 중이에요.
Why don't you stick **around**? 조금 더 있다 가면 안 될까?

1. Christmas **is** just **around the corner**.
   이제 곧 크리스마스네요.
2. The basketball season **is around the corner**.
   농구 시즌이 코앞으로 다가왔네요.
3. 100,000 followers **are** just **around the corner**.
   곧 십만 명의 팔로워가 생길 거예요.
4. **Is** recovery **around the corner**?
   곧 경기가 회복될까요?
5. There**'s** a good Chinese restaurant just **around the corner**.
   조금만 더 가면 정말 맛있는 중국집이 있어요.

# be new to ~

~를 처음 해봐요, ~에 처음 와봤어요

---

**twitter**

**sorry im new to** this twitter thing
죄송한데 제가 트위터를 처음 해봐서요.

---

 **처음 접하는 일임을 알릴 때 쓰는 표현**

be new to ~는 '~는 처음입니다' 라는 뜻입니다. 뒤에 장소가 오면 그 장소에 처음 와보는 거란 말이고, 어떤 일이 오면 그 일은 처음 해보는 일이란 의미이며, 물건이 오면 그 물건은 처음 써보는 거라는 의미입니다. 그런데 here(여기에)같이 그 자체에 to의 의미가 들어 있는 부사가 뒤에 올 경우엔 I'm new here.처럼 전치사 to를 빼야 한답니다. 주의하세요!

1  **I'm new** here.
   여기 처음 와봐요.

2  **I'm new to** New York.
   뉴욕엔 처음입니다.

3  **I'm new to** Japanese culture.
   일본 문화에 대해서는 잘 몰라요.

4  **I'm new to** iPhone, please give some suggestions.
   아이폰을 산 지 얼마 되지 않았어요. 어떻게 해야 되는지 좀 가르쳐주세요.

5  **I'm new to** speaking English.
   영어 말하기를 안 해봐서요.

# tend to + 동사원형

~하는 경향이 있다

### twitter

**I tend to tweet nonsense sometimes.**
제가 가끔 트위터에 말도 안 되는 소리를 올리는 경향이 있어요.

 **어떤 성향을 나타내는 tend to**

「tend to + 동사원형」은 ~하는 경향이 있다, 혹은 ~하기 쉽다라는 의미로 사용됩니다. 그러나 반드시 그 틀에 맞춰서 해석할 필요는 없고요, Do you tend to skip breakfast?(너는 아침 안 먹니?)처럼 평소의 규칙적인 습관에 대해 언급하는 표현으로도 사용됩니다. 동일한 표현으로 incline to가 있습니다.

He inclines to(tend to) oversleep.
그는 늦잠을 자는 경향이 있어요.

She inclines to(tends to) exaggerate.
그녀는 과장해서 말하는 경향이 있어요.

1 You **tend to** talk big.
　당신은 좀 과장해서 말하는 경향이 있어요.

2 Only sons **tend to** be independent.
　외아들은 자립심이 강한 경향이 있어요.

3 People **tend to** hide their weaknesses.
　사람들은 약점을 감추려고 하는 경향이 있어요.

4 People **tend to** ignore simple rules while pursuing goals.
　사람들은 목표를 추구하는 데 있어 간단한 규칙들을 무시하는 경향이 있어요.

5 Gorillas **tend to** give birth at night.
　고릴라들은 밤에 새끼들을 낳는 경향이 있습니다.

# be terrible at ~

~은 형편없다, ~을 정말 못한다

> **twitter**
> 
> I knowwww i'm really **terrible at** tweeting. I'll try to improve.
> 트위터 정말 못하는 건 저도 알아요. 나아지도록 노력해볼게요.

 **'해도 해도 너무 못한다'는 어감의 be terrible at**

'~에 능숙하다, 잘한다' 는 의미로 유명한 표현에 be good at이 있습니다. 반대로 '~를 못한다, 형편없다' 는 의미로 항상 따라다니는 표현은 be poor at이죠. 그런데 이 poor 자리에 terrible을 넣으면 '못해도 너무 못한다, 끔찍스럽다고 느낄 정도로 못한다' 는 강한 어감의 말이 되는 것이죠. at 뒤에는 물론 명사나 동명사를 넣으면 된답니다.

1  She **is terrible at** cooking.
   그 여자는 요리를 너무 못해요.
2  He **is terrible at** relationships.
   그 남자는 사람 상대를 너무 못해요.
3  I**'m terrible at** every sport apart from running.
   저는 달리기 제외하고는 딱히 잘하는 운동이 없어요.
4  Can someone **be terrible at** singing and still a great musical actor?
   노래를 너무 못하는데도 훌륭한 뮤지컬 배우가 될 수 있나요?
5  Why **am** I **terrible at** everything?
   왜 난 잘하는 게 없지?

## 확인문제

**1**  어머니날이 바로 코앞이네요.

　　Mother's Day is a_____ t__ c_____!

**2**  죄송한데 제가 트위터를 처음 해봐서요.

　　Sorry I__ n__ t_ this twitter thing.

**3**  제가 가끔 트위터에 말도 안 되는 소리를 올리는 경향이 있어요.

　　I t____ t_ tweet nonsense sometimes.

**4**  트위터 정말 못하는 건 저도 알아요. 나아지도록 노력해볼게요.

　　I know I__ really t_____ a_ tweeting. I'll try to improve.

---

■ 정답
1. around / the / corner  2. I'm / new / to  3. tend / to  5. I'm / terrible / at

■ 핵심 어휘
**recovery** 경기 회복　　　　**independent**　　　　　　　**give birth** 출산하다, 아이를 낳다
**suggestion** 제안　　　　　자립심이 강한, 독립적인　　　　**apart from** ~를 제외하고
**nonsense** 말도 안 되는 소리　**weakness** 약점
**talk big** 과장해서 말하다　**ignore** ~을 무시하다

# Jackie Chan

성룡

홍콩 출신의 세계적인 액션 영화배우이자 감독, 제작자이다. 대표작으로는 〈취권〉, 〈폴리스 스토리〉, 〈용형호제〉, 〈러시아워〉, 〈턱시도〉 등이 있다.

# How come 주어+동사?

왜[어째서] ~죠?

### twitter

Today I am cleaning up my office. **How come** when I am here, nobody clean?
오늘 사무실 청소를 하고 있어요. 제가 여기에 있으면 왜 아무도 청소를 안 하죠?

 **how come ~?이 why ~?보다 쓰기 편한 이유**

how come은 why와 같은 뜻으로, 구어체에서 자주 사용됩니다. why로 시작되는 의문문은 Why is he carrying a box by himself?(왜 그 남자는 혼자서 박스를 나르고 있어요?)처럼 의문사인 why 다음에 he(주어)와 is(동사)의 자리가 바뀐(도치된) 모습이지만, how come 다음에는 「주어+동사」 순으로 문장이 오기 때문이죠. 즉 How come you didn't turn in the report?(왜 보고서를 제출하지 않았나요?)처럼 말이죠.

1 **How come** he didn't show up?
   그 남자는 왜 오지 않은 거예요?
2 **How come** she is steaming?
   그 여자는 왜 열 받았어요?
3 **How come** you didn't turn in your homework?
   왜 숙제를 제출하지 않았어요?
4 **How come** tears come out of my eyes when I cry?
   왜 울 때 눈물이 나오는 거죠?
5 **How come** my smartphone's apps keep closing?
   왜 제 스마트폰 어플들이 자꾸 꺼지는 거죠?

# I wonder wh-/if ~

~인지 궁금해요

> **twitter**
> I saw a lot of big trucks packed with a lot of material. **I** always **wonder where** they are going.
> 물건을 가득 실은 트럭들을 봤어요. 저 차들이 어디로 가는 건지 늘 궁금해요.

 **궁금하거나 의아한 게 있다면 I wonder ~로!**

wonder에는 '~을 이상하게 여기다', '~을 궁금해하다'는 의미가 있어서 I wonder 뒤에 의문사절이나 if절이 오면 '~인지 궁금하다', '~인지 모르겠다'는 의미가 된답니다. 특히 I wonder if you could/might ~ 형태는 상대에게 어떤 일을 부탁할 때 '~해줄 수 있을지 모르겠네요'라며 아주 정중하고 조심스럽게 말을 꺼낼 수 있는 표현이랍니다.

**'~로 가득 차다'는 의미의 표현**
be packed with / be filled with / be full of / be loaded with

1  **I wonder when** the show will be over.
   그 쇼가 언제 끝날지 궁금해요.
2  **I wonder if** it'll rain tomorrow.
   내일 비가 올지 안 올지 모르겠네요.
3  **I wonder if** tea can be made from apples.
   사과로 차를 만들 수 있는지 궁금하네요.
4  **I wonder if** they could make it on time.
   그 사람들이 제시간에 올 수 있을지 모르겠네요.
5  **I wonder if** you could help me find my keyholder.
   혹시 제 키 홀더를 찾는 것을 도와줄 수 있나요?

# get out of ~

~에서 나가다

### twitter

**(I'm) Getting out of** the car to stretch!! It feels good!
스트레칭을 하려고 차 밖으로 나가고 있어요!! 기분이 좋네요!

###  폭넓은 의미로 확장되는 get out of

get out of는 뒤에 장소를 넣어 '어디 바깥으로 나간다'는 의미로 사용됩니다. 제일 유명한 말은 바로 Get out of here!입니다. 그런데 get out of 뒤에 debt(빚), speeding ticket(속도위반 딱지) 같은 말이 오면 어떤 의미가 될까요? 그렇습니다. '빚/속도위반 딱지에서 바깥으로 나간다'는 말은 '빚에서 벗어난다', '속도위반 딱지를 면한다'는 의미가 되죠.

**스트레칭과 관련된 표현**
Stretch your arms. 손을 뻗으세요.
Shake it off. (준비 운동하면서) 손과 발을 찰랑찰랑 터세요.
Rotate your neck, arm and shoulder. 목과 팔과 어깨를 돌리세요.
Rotate counterclockwise and then clockwise. 시계 반대 방향으로 돌린 후 시계 방향으로 돌리세요.
Gently twist your upper body to right. 상체를 부드럽게 우측으로 돌려보세요.
Cross the left leg over your right leg. 왼발을 오른발 위로 올리세요.

1 **Get out of** here. 여기서 나가.
2 How do we **get out of** here? 여기서 어떻게 나가죠?
3 Things **got** a little **out of** hand. 일이 걷잡을 수 없게 됐네요.
4 How to **get out of** debt? 어떻게 하면 빚을 청산할 수 있을까요?
5 I will tell you how to **get out of** a speeding ticket.
   어떻게 하면 과속단속을 피할 수 있는지 알려드릴게요.

# don't mind +-ing

~해도 상관없어요 [개의치 않아요]

> **twitter**
>
> **I don't mind** spend**ing** more time on a movie or recording a song because it will last forever. I am a perfectionist.
> 영화나 노래 녹음하는 것에 시간을 더 쓰는 것에 대해 개의치 않아요. 왜냐하면 그건 영원히 남을 거니까요. 전 완벽주의자랍니다.

### 쿨한 표현「I don't mind + -ing」

mind는 명사로는 '마음' 이라는 뜻이지만, 동사로는 '~을 꺼려하다' 라는 의미입니다. 동사 mind 뒤에는 목적어로 동명사가 오고요. 그래서 「I don't mind +-ing」는 '~하는 것을 꺼려하지 않는다' , 즉 '~해도 상관없다, 개의치 않는다' 는 의미가 되는 거죠. 한편 '~해도 괜찮으시겠냐?'고 정중히 물어볼 때도 이 mind를 이용해 Would you mind ~?라고 할 수 있어요. '~하는 것을 꺼리시나요?' 란 말은 '~해도 괜찮겠냐?'고 상대의 의중을 물어보는 것이니까요.

1. **I don't mind** work**ing** with John.
   존과 함께 일해도 상관없어요.
2. **I don't mind** wait**ing** for him.
   그 남자를 기다려도 상관없어요.
3. **Would** you **mind** do**ing** me a favor?
   부탁 좀 해도 될까요?
4. **Would** you **mind** say**ing** that again?
   다시 한 번 말씀해주시겠어요?
5. **Would** you **mind** tak**ing** our picture?
   사진 좀 찍어줄래요?

# try on

(옷이나 신발 등이 맞는지) 한번 착용해보다

### twitter
**I'm at the glasses store. my babies are trying on sunglasses too!!**
안경가게에 있습니다. 제 애기들(가게에 전시된 곰인형들)도 선글라스를 써보고 있네요!!

 **try on vs. put on**

try on은 옷이나 신발, 안경 등이 맞는지 '한번 착용해본다'는 의미예요. 따라서 상황에 따라 '입어보다', '신어보다', '껴보다' 등 표현이 다양합니다. 여기서 한 가지! try on이 나한테 사이즈나 색깔 등이 '맞는지 한번 착용해본다'는 어감이라면, put on은 단순히 입고, 신고, 끼고 하는 동작을 나타내는 일반적인 말이랍니다.

**put on** ~을 입다
It's cold. **Put on** your jacket. 날씨가 차니 재킷을 입으세요.

**put lotion on one's face** 로션을 얼굴에 바르다
Did you **put some lotion on your face**? 로션 바르셨어요?

**put on make-up** 화장하다
I saw a woman **putting on make-up** while driving. 운전을 하면서 화장을 하는 여자를 봤어요.

**put on one's thinking cap** 생각하는 모자를 쓰다(골똘히 생각하다)
Why don't you **put on your thinking cap** about that issue?
그 문제에 관해 더 깊이 생각해보는 게 어떨까요?

1 Can I **try** it **on**? 입어봐도/신어봐도/써봐도 되나요?
2 Do you want to **try on** a blue one in one size smaller?
   한 사이즈 작은 파란색으로 입어볼래요?
3 **Try on** our jeans, get a free T-shirt. 청바지 입어보고, 무료 티셔츠도 받아가세요.
4 It is really dangerous to **try on** someone else's glasses.
   다른 사람의 안경을 껴보는 것은 매우 위험합니다.

**확인문제**

1. 제가 여기에 있으면 왜 아무도 청소를 안 하죠?

   H___ c____ when I am here, nobody clean?

2. 그것이 어디로 가는 건지 늘 궁금해요.

   I always w_____ where they are going.

3. 스트레칭을 하려고 차 밖으로 나가고 있어요!!

   (I'm) G_____ o___ o_ the car to stretch!!

4. 영화에 시간을 더 쓰는 건 개의치 않아요. (괜찮아요)

   I d_____ m____ spending more time on a movie.

5. 제 아기들도 선글라스를 써보고 있네요!

   My babies are t_____ o_ sunglasses too!

■정답
1. How / come   2. wonder   3. Getting / out / of   4. don't / mind   5. trying / on

■ 핵심 어휘

**clean up** 청소하다
**carry** 나르다
**turn in** ~을 제출하다
**be packed with** ~으로 가득 차다
**material** 물질
**be loaded with** ~으로 가득 차다
**be made from** ~으로부터 만들어지다

**make it on time** 제시간에 도착하다
**shake off** (준비 운동할 때) 몸을 찰랑 털다
**rotate** 회전시키다
**counter clockwise** 시계 반대 방향으로
**clockwise** 시계 방향으로

**debt** 빚
**speeding ticket** 속도위반 딱지
**last** 지속되다
**perfectionist** 완벽주의자
**do a favor** 부탁을 들어주다
**take a picture** 사진을 찍다
**put on make-up** 화장을 하다

# Part 3

트위터에서
실수가
잦은
어색한 영어
바로 잡기

twitter

~을 주어야만 했어요

# You should have given ~

> **twitter**
>
> omg u should have gave(→ **should have given**) some money to him....
> kkk hows ur shooting going so far ~
> 맙소사! 그 사람한테 돈을 줬어야 했어요... ㅋㅋㅋ 촬영은 어떻게 되가세요?
> *some "yang an ji".... he was "tong joo se yoing" me and I refused.... so he beat me up.
> (어떤 양아치가 "나한테 돈 주세요" 그랬어요. 제가 거절하니까 그가 나를 때렸어요.)라는 친분 있는 홍콩 연기자의 트위터에 대한 답신

### ■ 후회와 유감을 나타낼 때

과거에 하지 못한 일에 대한 후회나 유감은 「should have+p.p.」(~를 했어야 했어요)를 사용하여 표현할 수 있습니다. should는 '~해야만 한다'라는 의미를 갖는 조동사가 아니라 shall의 과거입니다. 'should have+p.p.」가 ~를 했어야 했는데(그러나 못 해서 아쉬워)라는 표현이라면 「would have+p.p.」는 ~할 거였었는데(그러나 안 했어)라는 뜻이고, 「could have+p.p.」는 ~할 수 있었을 텐데(그러나 못 했어)라는 뜻입니다. 「must have+p.p.」는 '~였던 게 틀림없다' 라는 다소 다른 뜻이 있습니다.

1 You **should have been** more careful.
 너는 좀 더 신중했어야만 했어.

2 I **could have understood** him before.
 전에도 그를 이해할 수 있었을 텐데(그땐 못했다).

3 He **would have come** the day before.
 그는 전날 올 거였었는데(왜 안 갔지).

4 They **must have studied** too much.
 그들은 공부를 매우 열심히 했던 게 틀림없어.

■ **accomplish** 거절하다  **beat** 때리다  **shooting** 촬영  **so far** 지금까지  **careful** 신중한

## 날 ~하게 만들어요

# it makes ~

### twitter

**it make(→ makes) me smile ~ haha!!^^**
저를 웃게 만드네요. ~ 하하!!^^

### ■ 수 일치

영어에서는 주어가 3인칭 단수이며, 동사의 시제가 현재일 때 동사에 -s를 붙입니다. 동사를 고를 때 항상 주어가 단수인지 복수인지 분별해두세요. 단수 주어의 경우에는 단수 동사가, 복수 주어의 경우에는 복수 동사가 온다고 외우면 편합니다.

A bird **sings**. (A bird sing. ×)
Birds **sing**. (Birds sings. ×)

1 A: What is your hobby?
　B: My hobby is tweeting in Twitter. **It makes** me feel happy.
　A: 취미가 뭐예요?
　B: 트위터에서 수다 떠는 거예요. 그것은 날 행복하게 해줘요.

■ **it makes me ~** 나를 ~하게 만드네요　**think of A as B** A를 B로 생각하다

B보다 차라리 A할게요

# A rather than B

> **twitter**
> I believed in close friends rather then(→ **rather than**) a large group of them.
> 많은 친구를 사귀기보다는 차라리 몇 명의 내 마음을 알아주는 친구가 더 낫다고 생각했어요.

■ 우위 비교

rather than은 두 대상을 비교해서 선택할 때 사용하는 표현입니다. 「rather A than B/A rather than B」(B하느니 차라리 A하겠다) 형태로 쓰입니다. 비슷한 표현으로는 「prefer A to B = prefer A rather than B」가 있습니다.
I **prefer** apple **to** orange. 오렌지보다 사과를 더 좋아한다.

또, rather than은 'instead of(~ 대신에)' 대신 쓰이기도 합니다.
The problem was chemical **rather than** physical.
그 문제는 물리적인 문제라기보다는 오히려 화학적인 것이었다.

1. I'd **rather** take a bus **than** drive a car.
   차를 운전하느니 차라리 버스를 탈게요.
2. I will quit this job **rather than** working with her.
   그녀와 같이 일하느니 차라리 이 직업을 그만둘 거야.
3. Being fluent in English through Twitter is a goal **rather than** a dream. 트위터를 통해서 영어를 잘하게 되는 것은 꿈이라기보다는 목표입니다.

■ **believe in ~** ~을 좋다고(옳다고) 생각하다  **take a bus** 버스를 타다  **quit** 관두다, 그만두다  **fluent** 유창한  **through** ~를 통해서  **goal** 목표

## ~하는 걸 그만두세요!

# stop+-ing

**Would you stop to tell(→ stop telling) a lie, Brian?**
오서 코치님, 거짓말 좀 그만하실래요?

▪ **stop to부정사 vs. stop 동명사**

stop이 '멈추다'라는 의미인 건 모두 압니다. stop 다음에는 동명사가 올 수도 있고, to부정사가 올 수도 있습니다. 그러나 stop 다음에 to부정사가 오면 ~하기 위해 멈추다라는 의미가 되고, 동명사가 오면 ~하는 것을 멈추다라는 의미가 됩니다. 즉 Would you stop TELLING a lie?는 '거짓말하는 것을 멈춰줄래요?'라는 의미이고, Would you stop to tell a lie?는 '거짓말을 하기 위해 멈춰줄래요?'라는 의미가 됩니다.

1  **Stop smoking.**
   담배 피우는 것을 멈추세요.
   **Stop to smoke.** (×)
   담배 피우기 위해 멈추세요.

2  **Would you stop being so sarcastic?**
   그만 좀 빈정댈래요?
   **Would you stop to be so sarcastic?** (×)
   빈정대기 위해 멈춰줄래요?

▪ **lie** 거짓말 **sarcastic** 냉소적인, 빈정대는 **would you ~?** 좀 ~해줄래요?

~로 남을게요

# I will remain to be

### twitter

Thank you. The remix is hot!!! I am remaining(→ **I will remain to be**) a fan of yours and looking forward to your March 2011 album!!! :)

고마워요. 리믹스 앨범 정말 멋지네요!!! 나는 계속 당신들의 팬이 되겠고요. 2011년 3월에 나오는 당신들의 앨범도 기대하고 있답니다!!! :)

*다른 랩그룹의 트위터에 글을 남기는 엠씨 해머

## ▪ 진행형이 불가능한 상태 동사 remain

상태 동사 remain이 '남아 있다'라는 의미로 쓰일 때는 진행형이 불가능합니다. 진행형의 remaining이 아닌 원형인 remain이라고 해야 합니다.

The population of this country **is remaining** at around 5,000. (×)
The population of this country **remains** at around 5,000. (○)
이 나라의 인구는 계속 약 5,000명에서 머무르고 있어요.

그러나 remaining이 현재분사(형용사처럼)로 쓰이는 경우에는 -ing 형태가 가능합니다. 아래 문장에서 거주자인 residents를 수식하는 remaining을 현재분사라고 합니다. 다시 한 번 말씀드리지만, remain에 -ing가 붙는 유일한 경우는 remaining people(남아 있는 사람), remaining cakes(남은 케이크), remaining days(남은 날들), remaining seats(남은 좌석)과 같이 명사를 수식하는 현재분사(형용사처럼)로 쓰일 때입니다.

The residents **remaining** on the island were starving.
그 섬에 남아 있던 거주자들은 굶주리고 있었어요.

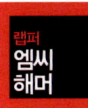

**상태, 소유, 감정 동사는 진행형(-ing 형태)이 불가**
상태 관련 remain, resemble
소유 관련 have, belong, own
감정 관련 love, like
인식 관련 know, remember
지각 관련 see, hear, smell

1  My brother **resembles** my father. (o)
   My brother **is resembling** my father. (×)
   제 동생은 아버지와 닮았어요.

2  I **believe** that he is innocent. (o)
   I **am believing** that he is innocent. (×)
   나는 그가 결백하다는 것을 믿어요.

3  This house **belongs to** my father. (o)
   This house **is belonging to** my father. (×)
   이 집은 아버지 거예요.

4  John **owns** more assets than his relatives. (o)
   John **is owning** more assets than his relatives. (×)
   존은 그의 친척들보다 더 많은 자산을 소유하고 있어요.

■ **accomplish** 이루다, 달성하다  **be interested in** ~에 관심이 있다  **look forward to -ing** ~하는 것을 기대하다  **advertise** 광고하다  **resemble** 닮다  **belong to** ~에 속하다  **own** 소유하다  **relative** 친척  **asset** 자산

~가 몹시 보고 싶어요

# I wanna see ~ badly

### twitter

**who wants to go to the movies with me? I wanna see *Eclipse* bad(→ badly)**
저랑 영화 보러 같이 가실 분! 이클립스가 너무 보고 싶어요.

■ **부사의 힘**

부사는 '부형용사'의 준말입니다. very beautiful(아주 예쁜)에서처럼 형용사를 꾸며주거나, really slowly moved(아주 천천히 움직였다)에서처럼 slowly인 부사를 추가적으로 꾸며주기도 하고(really), 동사(moved)를 꾸며주기도(slowly) 합니다. 형용사 bad는 '나쁜'이라는 의미이고, 부사 badly는 '몹시'라는 의미입니다.

**-ly가 붙으면 뜻이 전혀 달라지는 형용사와 부사**

| | |
|---|---|
| hard 단단한 | hardly 거의 ~하지 않다 |
| high 높은 | highly 매우 |
| late 늦은 | lately 최근에 |
| near 가까운 | nearly 거의 |

1. If he hadn't listened to that warning, he would have been hurt **badly**.
   만약 그가 그 경고를 듣지 않았다면 심하게 다쳤을 거예요.
2. How **badly** does it hurt?
   얼마나 심하게 아픈가요?
3. The car is shaking **badly**.
   그 차는 심하게 흔들리고 있어요.

■ **wanna(= want to)** ~하고 싶어요  **badly** 몹시, 심하게  **warning** 경고  **shake** 흔들리다

~해오고 있어요

가수 크라운제이

# have(has) been -ing

**twitter**

how's yall day been? i have working(→ **I have been working**) a lot lately!!
다들 어떻게 지내세요? 저는 요즘 엄청나게 일하고 있어요!!

## ▪ 현재완료진행 제대로 쓰기

과거의 한 시점부터 시작해서 현재까지 계속 진행되고 있는 것을 현재완료진행(have been -ing)이라고 하고, '~해오고 있다'라고 해석합니다. 위의 크라운제이의 트위터를 보면 과거에 일을 시작해서 지금까지 일하고 있다는 것을 알 수 있습니다. 따라서 현재완료진행이 사용되어야 합니다.

그러면 현재완료진행과 현재완료의 차이를 알아보겠습니다. 현재완료진행은 지금까지 해오고 있고 앞으로도 계속될 것이라는 진행의 의미가 더 강합니다. 현재완료는 과거에 시작해서 지금까지 해왔다는 의미가 강합니다.

She **has been painting** the house. 그녀는 그 집을 페인트로 칠하고 있습니다.
She **has painted** the house. 그녀는 그 집을 페인트로 칠했습니다.

1. She **has been waiting** for one and half an hour.
   그녀는 1시간 30분 동안 기다리고 있어요.
2. My father **has been teaching** mathematics for 25 years.
   아버지는 25년간 수학을 가르치고 계세요.
3. **Have** you **been watching** the movie?
   계속 그 영화를 보고 있었던 거예요?
4. I **have been tweeting** for 2 straight hours. I need to take a break.
   두 시간 연속으로 트위터를 하고 있었네요. 좀 쉬어야겠어요.

▪ **lately** 최근에  **mathematics** 수학  **severe** 심각한  **headache** 두통  **these days** 요즘에
  **straight** 연속으로  **take a break** 휴식을 취하다

주어+동사 and 주어+동사
# I finished ~ and he is rehearsing

> **twitter**
>
> I finished rehearsing already and now steve yoo are rehearsing(→ **is rehearsing**). I decided to stay and give them support!
> 저는 리허설이 벌써 끝났고 지금은 스티브유(유승준)가 리허설을 하고 있어요. 남아서 응원하기로 결정했어요!

■ 개별적이고 완벽한 문장, 절

주어와 동사가 들어 있어 완벽한 문장을 이루는 덩어리 문장을 절(clause)이라고 합니다. 위 문장에는 '내 리허설은 끝났다' 와 '유승준이 리허설을 하고 있다'라는 주어와 동사가 각기 다른 두 개의 절(주어+동사 and 주어+동사)이 들어가 있습니다. 그러므로 새롭게 시작하는 절에서는 steve yoo are가 아니라 steve yoo is 가 되어야 합니다.

두 개의 나란한 절을 이어주는 등위접속사로는 본문에 나온 and를 포함해 or, but이 있습니다. 세 경우 모두 각각의 절에 해당되는 주어에 동사의 수를 일치해서 사용합니다.

1 She is a student **and** he is a teacher.
  그녀는 학생이고 그는 선생님입니다.
2 She wants to see the movie **but** I don't want to see it.
  그녀는 그 영화를 보고 싶어 하지만 나는 보고 싶지 않아요.
3 You can send it through email **or** you can bring it in person.
  이메일로 보내도 되고 혹은 직접 가지고 와도 됩니다.

■ **rehearse** 리허설하다 **support** 지지; 지지하다 **through** ~을 통해 **in person** 직접

## 좋은 시간을 보냈어요

# spent a good time

**twitter**

yes!!! i spend really good time.(→ **I had a really good time.**)
네!!! 정말 좋은 시간이었어요.

*How was your holiday in Hawaii? Was the scenery in Hawaii super beautiful?
(하와이에서의 휴가는 어떠셨어요? 하와이 풍경이 완전 아름답던가요?)라는 팬의 질문에

### ■ 헛된 것에도 쓰이고 즐거운 것에도 쓰이는 spend

spend는 spend a lot of money on game(게임 하는 데 돈은 많이 쓰다)처럼 '어떤 것을 쓰다, 사용하다'라는 의미로도 쓰이고, spend a summer at~(~에서 여름을 즐기다)처럼 '시간을 (헛되게) 보내다, 즐기다'라는 뜻으로도 쓰입니다.
위 문장에서는 이미 여행을 마치고 회상하고 있고, 질문도 how was your ~?이므로, 즉 과거형이므로 현재형 spend가 아닌 spent로 해야 맞습니다. 그래서 I spent a really good time.으로 해야 되겠죠. 더 부드러운 트위터 영어는 I had a really good time. 입니다.

1 Some people prefer to **spend** most of their time alone while others like to be with friends. 어떤 사람들은 시간을 대부분 혼자 보내는 것을 선호하는 데 반해, 어떤 사람들은 친구들과 있는 것을 좋아합니다.

2 How can I **spend** my money more wisely?
어떻게 하면 제 돈을 좀 더 지혜롭게 쓸 수 있을까요?

■ **scenery** 경치, 장면 **have a good time** 즐거운 시간을 보내다 **while** ~하는 반면에 **wisely** 지혜롭게

~할 예정이에요

# be going to

> **twitter**
> Today, i'll going to tokyo ~(→ **I am going to go to Tokyo ~**). It is so exciting. Isn't it?

■ **will vs. be gong to**

will과 be going to를 같이 쓰면 어색한 문장이 됩니다. 비교적 확실한 계획을 말할 때는 be going to를 사용합니다. will은 의지의 표현이거나 혹은 불확실한 미래 계획을 말합니다.

I'm going to (go to) Tokyo!는 도쿄에 갈 확정된 계획을 나타내고, I will go to Tokyo! 는 반드시 언젠가 도쿄에 꼭 갈 것이라는 의지에다 안 갈지도 모른다는 어감이 들어 있습니다. '오늘 도쿄에 갈 예정이에요.'라는 표현은 Today, I am going to go to Tokyo. 가 더 적절하겠죠? 단순히 I am going to Tokyo.라고 하면 현재진행형으로 '지금 도쿄로 가고 있다.'라는 의미가 됩니다. 그러나 트위터나 실제 회화에서는 I am going to Tokyo.라고만 써도 '지금 도쿄로 가고 있다.'라는 의미보다는 미래의 계획을 나타내는 것으로 이해되기는 합니다. 그래도 정확한 표현은 going to go to Tokyo라는 것!

1 I**'m going to** learn Japanese.
   나는 일본어를 배울 예정이에요.
2 I**'m going to** get married with my girlfriend Jane soon.
   저는 여자 친구인 제인과 곧 결혼할 예정이에요.
3 My boss **is going to** come to the party.
   제 상사는 그 파티에 참석할 예정이에요.

■ **get married with** ~와 결혼하다 **be going to(= gonna)** ~할 예정이다

~ 중 하나랍니다

# one of 복수명사

**twitter**

Yes. I like painting! one of my favorite palce(→ **places**) in Paris is Louvre Museum-*
네, 저 그림 그리는 거 좋아해요! 제가 파리에서 제일 좋아하는 장소 중 하나가 바로 루브르 박물관입니다-*

### ~ 중 하나

'~ 중 하나' 라는 뜻을 가진 one of ~ 뒤에는 복수 명사가 와야 합니다. 여러 개 중 하나이지 하나 중 하나를 고를 수는 없으므로 당연히 복수 명사형이 와야겠지요. some of, many of, most of, few of 등도 마찬가지입니다.

some of their children, one of the students, many of the people, most of people, few of my friends

분수+of, the rest of(~의 나머지), most of(~의 대부분), the majority of(~의 대부분) 등 부분을 표시하는 말은 뒤에 나오는 명사에 수를 일치시킵니다.

1 **One of** the tallest students in my class is John.
   존은 우리 반에서 키가 큰 학생 중의 하나다.
2 Very **few of** his movies are worth watching.
   그의 영화들 중 극히 소수만이 볼 가치가 있다.
3 **A half of** the apple is rotten.
   그 사과의 절반이 썩었다.
4 **A half of** the apples are rotten.
   여러 개의 사과 중 절반이 썩었다.

■ favorite 매우 좋아하는, 마음에 드는

~할 필요가 있어요

# You need to get ~

**twitter**

You need to massage(→ **get a massage**) and sleep.
마사지를 받고 좀 주무세요.

### get과 명사 결합하기

massage는 '마사지'라는 명사로도 쓰이고, '마사지하다'라는 동사로도 사용되니 위의 영어가 올바른 것이라고 생각할 수도 있습니다. 네! 맞습니다. 분명 massage는 '마사지하다'라는 동사로도 쓰이지만, 위의 문장을 그대로 해석해보면 '다른 사람 마사지 좀 해주고 주무시죠'라는 다소 해괴망측한 뜻이 되어버립니다. '마사지를 받다'라는 표현은 get a massage입니다. 물론, 여기서 마사지는 명사입니다. 트위터에서 많이 쓰이는 get과 명사과 결합된 숙어를 알아볼까요.

get a blow 한 대 얻어맞다
get a joke 농담을 이해하다
get a rest 휴식을 취하다
get some exercise 운동하다

get a cold 감기에 걸리다
get a lesson 가르침을 받다
get it 이해하다, (걸려온 전화를) 받다

1. I've **got a cold**!
   나 감기 걸렸어요!
2. If you really want to stay healthy, you'd better **get** some **exercise**.
   건강하기를 원하신다면 규칙적인 운동을 하는 게 좋습니다.
3. When I get home, I will **get a** good **rest**.
   집에 도착하면 푹 쉴 거예요.

### get a massage 마사지 받다　stay 머무르다　healthy 건강한　would better+동사원형 휴식을 취하다

~하느라 너무 바쁘네요

# too busy 동명사

**We were too busy eat(→ eating) .... LOL**
먹느라 너무 바빴어요.

■ **too busy+동명사 vs. too busy+to부정사**
too busy eat은 영어 문법적으로 잘못된 것입니다. too busy를 꾸며주기 위해서는 eat 이 to부정사나 동명사가 올 수 있습니다. 위의 내용을 유추해보면 먹기 위해 바쁜 게 아니라 먹느라 바빴다는 의미이기 때문에 too busy eating이 맞는 표현입니다.
「too busy+동명사」는 '~하느라 너무 바쁘다'라는 의미입니다. 이에 반해 「too busy+to 부정사」는 '너무 바빠서 ~을 할 수 없다'라는 의미입니다. to부정사냐 동명사냐에 따라 의미가 전혀 달라지니 꼭 외워두세요.

1  I'm **too busy** tweet**ing**.
   트위터 하느라 너무 바쁘네요.

2  I'm **too busy to** tweet.
   트위터 하기에는 너무 바쁘네요.

■ LOL(=laughing out loudly) 박장대소

A와 B

# A and B

> **twitter**
> 
> Real inner peace and inner satisfaction ultimately depends(→ de-pend) on our mental attitude.
> 진정한 내적 평화와 내적 만족은 절대적으로 우리의 마음가짐에 달려 있습니다.

### ■ 주어 A and B와 동사의 수일치

A and B라는 한 무리의 주어에 대해서는 복수 동사가 와야 합니다. 위의 문장은 '진정한 내적 평화'와 '내적 만족'이라는 A and B 형태의 주어이므로 단수동사 depends가 아니라 depend가 맞죠.

### 단수 취급하는 한 덩어리

rise and fall 흥함과 쇠함
curry and rice 카레라이스
a needle and thread 실을 꿴 바늘

bread and butter 버터 바른 빵
happiness and misery 희비(행복과 불행)

1. My friend **and** his brother **are** coming to my house.
   제 친구와 그 동생이 우리 집에 올 거예요.
2. Bread **and** butter **is** what my sister eats for her breakfast.
   제 여동생은 아침으로 빵에 버터를 발라 먹습니다.
3. Slow **and** steady **wins** the race.
   천천히 그리고 꾸준하게 하면 경주에서 이깁니다.
4. Twelve **and** five **is** seventeen.
   12 더하기 5는 17입니다.

■ **inner** 내적인 **satisfaction** 만족 **ultimately** 궁극적으로 **mental** 정신의 **attitude** 태도 **steady** 꾸준함

~하기를 기대하고 있어요

# looking forward to -ing

가수
브라이언

### twitter

heading out to film my KBS-N TV show. Kinda <u>looking forward to see</u>(→ **looking forward to seeing**) SungJoo&HwangBo since we didn't film last week, but dreading the humidity

KBS-N TV 프로 촬영을 하러 나가고 있어요. 지난주에 촬영을 못해서 오늘 성주랑 황보 보는 게 기대돼요. 근데 날씨가 너무 습하네요.

■ **look forward to -ing, (대)명사**

look forward to -ing(~하는 것을 기대하고 있다)에서 to는 전치사로 쓰입니다. 전치사 뒤에는 명사, 동명사, 대명사가 와주어야 합니다. 성주랑 황보를 보는 것을(seeing) 기대하는 것이니 동사(see)가 아닌 동명사(seeing)가 와야겠지요? 이외에도 트위터에 쓰면 안성맞춤인 -ing와 연결된 표현을 알아볼까요.

be busy -ing ~하느라 바쁘답니다           feel like -ing ~하고 싶어요
have difficult -ing ~하느라 애먹고 있어요    cannot help -ing ~하지 않을 수 없어요

1   I **look forward to** gett**ing** your letter. (동명사)
    = **Look forward to** your letter. (명사)
    당신의 편지를 기대하고 있어요.

2   I'm **looking forward to** hav**ing** dinner with you.
    나는 당신과 저녁식사 할 것을 기대하고 있습니다.

■ **head out to** ~하러 나가다   **kinda**(= kind of, sort of) 약간   **film** 촬영하다   **dreading** 대단히 무서운   **humidity** 습도

~ 때문에

# because of ~

### twitter
It became a little cooler because(→ **because of**) the rain.
비 때문에 조금은 더 시원해졌네요.

■ **because** vs. **because of**
둘 다 '~때문에'라는 뜻으로 쓰이지만, because of는 전치사(명사 앞에 쓰이는), because는 접속사(주어+동사 앞에 쓰이는)로 쓰입니다.
이와 비슷한 경우로 despite와 although가 있습니다. 둘 다 '~임에도 불구하고'로 동일하게 해석되지만, despite는 전치사로서 바로 뒤에 명사가 오고, although는 접속사로서 바로 뒤에 「주어+동사」의 절이 옵니다.
I went hiking **despite** the rain. 비가 왔음에도 불구하고 저는 하이킹을 갔습니다.
**Although** it was rainy, I went hiking. 비가 왔음에도 불구하고 저는 하이킹을 갔습니다.

1. I love her **because of** her sense of humor.
   나는 그녀의 '유머 감각'(명사구) 때문에 그녀를 사랑합니다.
   I love her **because** she is humorous.
   나는 '그녀가 유머러스하기'(절) 때문에 사랑합니다.
2. I couldn't sleep last night **because of** you.
   너 때문에 어젯밤 잠을 못 잤어.
3. I couldn't sleep last night **because** you were singing.
   네가 노래 부르고 있어서 어젯밤 잠을 못 잤어.

■ **sense of humor** 유머 감각　**although** ~임에 불구하고　**despite** ~임에 불구하고

## ~하기로 결정했어요

# decided to+동사원형

> **twitter**
> 
> how r u? i wanna go to japan asap :) when i <u>deside go</u>(→ **decide to go**) to jp, i will send u a text message
> 어떻게 지내세요? 최대한 빨리 일본에 가고 싶어요. ㅎㅎ 제가 일본 가기로 결정하면 문자 보낼게요.

■ **decide는 to부정사를 목적어로 취하는 동사**

decide는 '~하기로 결심하다'라는 뜻입니다. decide의 목적어는 동명사가 아니라 to부정사 형태를 취합니다. 예를 들어 '나 금연하기로 결심했어.'는 I decided quitting smoking. 이 아니라 I decided to quit smoking. 이라고 합니다.

to부정사만을 목적어로 취하는 동사는 decide 말고도 need, want, promise, hope, plan, refuse 등이 있습니다.

하나 더. '만약 ~하면 …할게요'라는 의미는 when보다는 If I decide to ~ then …의 구문을 쓰는 게 더 부드럽습니다.

1  I **need to** help my mother.
   엄마를 도와줘야 돼요.
2  I **hope to** get promoted.
   승진했으면 좋겠어요.
3  I **plan to** go abroad next year.
   내년에 해외에 갈 계획이에요.
4  He **refused to** accept my offer.
   그는 내 제안을 받아들이는 것을 거부했어요.

■ **ASAP(as soon as possible)** 가능한 한 빨리  **text message** 문자 메시지  **quit** 그만두다, 관두다

~하는 걸 즐기고 있어요

# enjoy -ing

> **twitter**
>
> haha that's a reaally big compliment to me! thanks :) but I'm just en-joying to shop and look(→ **I enjoy shopping and looking**) around some unique things haha.
> 하하 그건 저한테는 정말 큰 칭찬인데요. 감사합니다. 근데 저는 독특한 거 사거나 구경하는 걸 좋아해요. 하하.
>
> *쇼핑을 할 때 어떤 옷을 고르든 다 잘 어울릴 것 같다는 팬의 칭찬에

■ 동명사를 목적어로 취하는 동사

enjoy라는 동사 바로 뒤에 shop(구매하다)과 look around(구경하다)라는 동사가 나왔네요. enjoy는 동명사를 목적어로 취하는 동사이기 때문에 그 뒤에 shopping and looking around가 와야 합니다. 목적어로 동명사를 취하는 동사에는 enjoy 말고도 consider(고려하다), avoid(피하다), mind(신경을 쓰다), give up(포기하다) 등이 있습니다.

1 Did you **finish** writ**ing** your research paper? (to write가 아니라)
   연구보고서 쓰는 거 다했나요?

2 Would you **mind** clos**ing** the door? (to close가 아니라)
   문 닫아도 되나요?

3 John **gave up** search**ing** for his miss**ing** dog. (to search가 아니라)
   존은 그의 잃어버린 개를 찾는 것을 포기했습니다.

■ **compliment** 칭찬, 칭찬하다  **look around** 사지 않고 구경하다  **research** 연구
  **would you mind -ing?** ~해도 되나요?(~하는 것을 꺼리나요?)  **tolerate** 참다, 인내하다  **give up** 포기하다
  **put off** 연기하다  **appreciate** 감사하다  **recall** 회상하다  **delay** 연기하다

~하면 할수록, 더 …하게 돼요

# the more ~, the more …

### twitter

The more i think about it, more confused i get.
(→ **The more I think about it, the more confused I get.**)
그것에 대해 생각하면 할수록, 더 헷갈리게 돼요.

■ **the+비교급, the+비교급**

「the+비교급+주어+동사, the+비교급+주어+동사」(~하면 할수록 더 …하다) 문장은 the+ 비교급이 앞으로 도치된 것입니다. 주어와 동사는 생략되어 사용되기도 합니다.
비교급은 more가 앞에 붙어서 비교급을 나타내는 것과 colder처럼 뒤에 er이 붙어서 비교급을 나타내는 것이 있습니다. much와 many의 비교급은 그대로 more만을 써서 표현합니다. The more he thought about it.(좀 더 그것에 대해 생각해봤다.)처럼 말이지요.

1 **The sooner, the better.**
　빠를수록 좋다.
2 **The more** they thought about it, **the more** upset they became.
　그것에 대해 생각하면 할수록 그들은 더 화가 났습니다.
3 **The more** the number of cars increases, **the more** the environment gets worse. 차들의 수가 늘어나면 날수록 환경은 더 악화됩니다.
4 **The more** you give, **the happier** you are.
　더 많이 베풀면 더 행복해집니다.

■ confuse 헷갈리게 하다, 혼란스럽게 하다　upset 화나는　the number of ~의 수　environment 환경

당신에게서 ~을 배우고 싶어요
# I wanna learn ~ from you

**twitter**

i want to learn a <u>english for</u>(→ **English from**) you~~ could you help me please.
당신한테서 영어를 배우고 싶어요~~ 도와줄래요.

■ **언어명 앞에는 관사를 붙이지 않는다**
위의 영어를 그대로 해석해보겠습니다. '당신으로부터 영국사람 한 명을 배우고 싶어요. 저를 좀 도와줄래요?'라는 엉뚱한 말이 되어버립니다. English가 영어 자체가 아니라 영어 선생님이나 '영국의 ~'를 의미할 때는 앞에 관사 an을 붙일 수 있습니다.
언어뿐만 아니라 질병, 학과, 운동, 식사에 대해서도 관사를 사용하지 않습니다.
He is suffering from **cancer**. 그는 암으로 고생하고 있습니다.

1 I am **Korean**.
　나는 한국인입니다.
2 I want to learn **Korean**.
　나는 한국어를 배우고 싶어요.
3 I am looking for **an English teacher**.
　저는 영어 선생님을 찾고 있어요.
4 She has **an English accent**.
　그녀는 영국 억양을 가지고 있어요.

■ for ~를 위해　from ~로부터　look for ~를 찾다　accent 억양

## 도착했어요

# I arrived

I'm arrived to party room. (→ **I arrived at the party room.**)
나는 파티 룸에 도착했어요.

### 수동태 vs. 능동태

능동태는 주어가 직접 행위를 하는 것이고 뒤에 목적어가 있어요. 수동태는 주어에게 무슨 일이 있는지 설명하고 행위를 당하는 것을 표현한 것으로 뒤에 목적어가 없습니다. 위의 영어에서 am arrived는 수동태입니다. 그러나 파티에 도착한 것은 내(시아준수)가 한 것이므로 수동을 쓰면 틀립니다.

I **drive** the car. 나는 그 차를 운전한다. (내가 직접 운전하는 것이므로 능동)
The car **is driven** by me. 그 차는 나에 의해 운전된다. (차가 주어가 되어 행위를 당하는 것을 표현할 때는 is driven처럼 「be동사+과거분사」를 사용합니다.)

해석상 수동태 사용이 오히려 어색할 뿐만 아니라 수동태 자체가 불가능한 단어들이 있습니다.

| | | | |
|---|---|---|---|
| arrive 도착하다 | appear 나타나다 | disappear 사라지다 | consist of ~로 구성되다 |
| become ~되다 | exist 존재하다 | belong to ~에 속하다 | resemble 닮다 |
| remain 남다, 머무르다 | happen = take place = occur 발생하다 | | |

1  I **caught** a fish. 난 물고기를 잡았다. (능동)
2  A fish **was caught** by me. 물고기가 나한테 잡혔다. (수동)
3  A strong earthquake **killed** many people.
   강한 지진이 많은 사람들을 죽게 했다. (능동)
4  Many people **were killed** by a strong earthquake.
   많은 사람들이 지진으로 죽음을 당했다. (수동)

### arrive 도착하다

~하고 싶어요

# want to 부정사

### twitter

Hi! I also want (→ **want to**) meet you~ thanks for your cheering!
안녕하세요! 저도 만나 뵙고 싶네요~ 응원해줘서 감사합니다!

*해외 팬의 응원 트위터에 대한 답변

**▪ to부정사를 목적어로 취하는 동사**

I want sleep. (나는 원한다 잔다?), I like eat. (나는 좋아한다 먹는다?)처럼 한 문장 안에 접속사 없이 「동사+동사」를 사용하는 것은 불가능합니다. 이런 문제를 해결하기 위해 두 가지 방법이 있는데, 하나는 to를 붙이는 것이고 하나는 -ing를 붙이는 것입니다.

그럼 언제 to(to부정사)를 붙이고 언제 -ing(동명사)를 붙이냐고요? 정답은 그때그때 다릅니다. 그렇지만 몇 가지만 외워두면 확~ 감이 옵니다. 내가 하고 싶은 것을 말하려 할 때는, I want to ~/I need to ~/I hope to ~처럼 동사 앞에 to를 넣어줍니다.

**to부정사를 목적어로 취하는 동사**

| | | | |
|---|---|---|---|
| refuse 거절하다 | fail 실패하다 | need 필요로 하다 | care 주의하다, 관심을 갖다 |
| decide 결심하다 | propose 제안하다 | ask 요구하다 | intend 의도하다 |
| agree 동의하다 | promise 약속하다 | seek 구하다 | would like ~하고 싶다 |
| manage 감당하다 | | | |

1 A: What are you going to do this weekend? 주말에 뭐 할 거예요?
　B: Nothing special. I **want to** see a movie. 특별한 없어요. 영화가 보고 싶네요.
2 I **need to** get some food. 뭐 좀 먹어야겠어요.
3 Sumi **promises** him **to** go there. 수미는 그에게 그곳에 가겠다고 약속했다.

▪ **cheer** 응원하다　**be going to** ~할 것이다　**nothing special** 특별한 건 없어요　**refuse** 거절하다

# 다른 나라들

## other countries

> **twitter**
>
> All my fans from <u>other country</u>(→ **other countries**)~ thank u so much!!! Ill do ma best alwayz!!! Love u guys!!! Thank u again.
> 다른 나라에서 오신 팬 여러분들~ 감사의 말씀 전합니다!!! 항상 최선을 다할게요!!! 사랑합니다!!! 다시 한 번 감사합니다.

### ▪ other와 another

another 다음에는 another car의 car처럼 단수가 오고, other 다음에는 other people의 people처럼 복수가 온다고 기억해두세요. 정리하자면 another 뒤에는 단수명사가 오고, other 뒤에는 단수, 복수 다 올 수 있지만 단수의 경우에는 셀 수 없는 명사만이 가능하고 셀 수 있는 명사인 경우에는 복수가 와야 한다는 것이죠. 단, 이 규칙은 a나 an을 붙이거나 복수를 쓸 수 있는 셀 수 있는 명사에 한해서만 적용됩니다.

air(공기), money(돈), salt(소금), juice(주스), cheese(치즈), happiness(행복), love(사랑), friendship(우정), beauty(미), hope(희망), information(정보), baggage(수화물), luggage(수화물), equipment(장비), advice(조언)같이 셀 수 없는 단어들은 another, other 모두 사용 가능합니다.

그럼 다시 세븐의 트위터를 보면 '다른 나라들 출신의 나의 모든 팬들'이라는 의미이니 other countries가 맞는 표현이 되겠습니다. country(나라)는 셀 수 있는 명사니까요.

1  **Another** problem is that some employees are not using a smartphone.
또 다른 문제점은 일부 직원들이 스마트폰을 사용하지 않는다는 것입니다.

2  Students from **other** colleges or universities came to participate in this essay contest. 다른 대학의 학생들이 이 에세이 대회에 참가하기 위해 왔습니다.

▪ **do one's best** 최선을 다하다  **employee** 직원 (employer 경영자)  **participate in** ~에 참가하다  **contest** 대회

몇 년 전에 여기 왔었어요

# be here ~ years ago

**twitter**

we're in Las Vegas ~~ I've been(→ **I was**) here once with my family 5 years ago. I'm glad to be here again with Mimi, Sohee, Sun, and Yenny
라스베이거스에 왔어요 ~~ 여기 5년 전에 한 번 왔었어요. 민이, 소희, 선예, 예은이랑 함께 다시 오니 좋네요.

■ **현재완료 vs. 단순과거**

만약 지난 5년간 몇 차례에 걸쳐 왔었다면 특정 시점이 아닌 여러 시점에 나뉜 것이니 현재완료가 맞습니다. 그런데 5년 만에 온 것이므로(once) 특정 시점에 딱 한 번 행동한 것은 단순 과거로 나타내면 되고, 시간에 걸쳐 행동한 것에 대해서는 현재완료를 사용합니다.

1 They **have lived** here for 2 years.
그 사람들은 여기에서 2년 동안 살고 있다.

2 They **lived** here 2 years ago.
2년 전에 살았다.

3 I **have** never **played** golf.
나는 테니스를 쳐본 적이 없다(살아오면서 여태껏).

4 I didn't **play** tennis.
나는 테니스를 치지 않았다(과거 어느 시점에 대해).

# 돌아가셨다

## passed away

### twitter

Yuri Mihailovich Absharov-my teacher from Russia-past away(→ **passed away**) last year. I remember his warm smile.
러시아의 제 스승인 유리 미하일로비치 아브사로브가 작년에 돌아가셨습니다. 그의 따뜻한 미소가 기억나네요.

### ▪ 죽었다 vs. 돌아가셨다

영어에는 존댓말이 없다고 하지만 자기보다 연장자가 사망하였을 때나 죽음을 다소 격식 있게 표현해야 할 때는 passed away를 사용해서 '돌아가셨다'라는 의미를 나타냅니다. pass away는 (존재하던 것이) 없어지다라는 의미로 사용됩니다.

die는 '죽었다'라는 의미의 직접적인 표현입니다. 사라지거나 기계 등이 멎었을 때도 사용합니다.

1. The famous movie star **passed away** from heart attack.
   그 유명한 영화배우는 심장마비로 사망했습니다.
2. The Buddhist monk **passed away** at the age of 70 after spending 48 years as a Buddhist monk. 그 스님은 세수 70세, 법랍 48세로 입적하셨다.
3. My car just **died** on me.
   내가 몰고 가는 중에 그냥 차가 서버렸어.
4. Her secret **died** with her.
   그녀의 비밀은 그녀와 함께 사라졌다.

 잊히지 않아요

# never be forgotten ~

**twitter**

It was a night which would not easily (→ **easily be**) forgotten! thanks!!^^ See u

쉽게 잊히지 않을 밤이었어요! 감사합니다!!^^ 또 봬요.

*해외 팬들과 함께 한 행사에 감사 인사를 건네며

### ▪ 수동태

night은 잊히지 않는 것이지 night이 의지를 가지고 잊지 않겠다는 것이 아닙니다. 이렇듯 사물이 주어가 되는 경우 「be동사+과거분사」로 나타내는 것을 수동태라고 합니다. 트위터나 일상 대화에서 「be동사+과거분사」보다 더 많이 사용하는 수동태 형태는 사실 「get+p.p.」입니다. 약간의 의미 차이는 있지만 일상적으로는 둘 다 혼용해서 사용됩니다.

### 능동처럼 보이지만 알고 보면 그 자체로 수동인 단어들

This new science fiction novel **sells** well. 새로 나온 이 SF소설은 잘 팔려요. (파는 게 아니라 팔리는 것)
The professor's text books **read** well. 그 교수님의 교과서들은 읽기가 쉬워요. (읽는 게 아니라 읽히는 것)
This banana **peels** well. 이 바나나는 껍질이 잘 까져요. (까는 게 아니라 까지는 것)
My father's car **needs** checking.
우리 아버지 차는 수리를 필요로 해요. (수리를 요구하는 것이 아니라 요구되는 것)

---

1 The post office **is located** in the downtown.
   그 우체국은 시내에 위치해 있습니다. (주어인 우체국이 스스로 위치하는 게 아니므로 수동태)
2 Lots of children **got bitten** by the dog. 많은 아이들이 저 개에게 물렸어요.
3 How did the photo of your family **get damaged**?
   너희 가족사진이 어떻게 훼손된 거니?
4 Honey! I've **got promoted** to a vice president. 여보! 나 부사장으로 승진했어.

▪ **forget** 잊다(forget-forgot-forgotten) **post office** 우체국 **downtown** 시내 **vice president** 부사장
 **bite** 물다(bite-bit-bitten) **promote** 승진시키다 **peel** 껍질이 벗겨지다

## 차라리 ~할래요

# would rather ~

### twitter

i know what you say. in that case, i just watching movies(→ **I would rather watch movies**).
당신이 무슨 말 하는지 알아요. 그런 경우, 전 차라리 영화를 봐요.

*미드를 봐야 할지 영화를 봐야 할지 고민이라는 팬의 질문에

### ▪ 차라리 ~하겠다

i just watching movies.라고 사용하면 우선 동사가 없는 문장이 됩니다. 설령 동사를 붙여 I am watching movies.라고 해도 '지금 현재 영화를 보고 있어요.'라는 엉뚱한 뜻이 됩니다.

'나는 차라리 ~하겠다' 혹은 '나는 차라리 ~를 선호해요'라고 말할 때는 「I would rather+동사원형」을 사용합니다. I would rather 다음에 주어가 오는 경우에는 「would rather+주어+과거동사」 형태로 옵니다.

1. I**'d rather** have a quiet day in front of the TV.
   나는 차라리 TV 앞에서 조용한 하루를 보낼래요.
2. I **would rather** take a taxi.
   나는 차라리 택시를 탈래요.
3. I **would rather** be alone.
   나는 차라리 혼자 있을래요.
4. I**'d rather** you sent the file now.
   나는 차라리 지금 당신이 파일을 보내주면 좋겠어요.
5. I **would rather** you did not smoke.
   나는 당신이 담배를 피우지 않으면 좋겠어요.

▪ **in that case** 그러한 경우에는  **rather** 차라리  **quiet** 조용한  **in front of** ~ 앞에서  **alone** 혼자

얼마나 ~인지

# How ~ I am

**Having an incredible week! How fortunate am I(→ I am).**
믿어지지 않는 한 주를 보내고 있어요! 얼마나 행운인지.

### 감탄문

감탄의 느낌을 나타내고 싶을 때 사용하는 감탄문의 기본 규칙은 「How+형용사+주어+동사」입니다. 그러므로 (존박이 슈퍼스타 결선까지 오른) 행복한 느낌을 표현하려면 How fortunate I am. 이 되어야 합니다.

How로 시작하는 감탄문뿐만 아니라 「What a+형용사+명사+주어+동사」 형태인 감탄문도 있습니다.

1 **How** pretty she is!
그녀가 얼마나 귀여운지!

2 **How** fast he is!
그가 얼마나 빠른지!

3 **How** important this presentation is!
이 프레젠테이션이 얼마나 중요한지!

4 **What a** awesome day it is!
정말 멋진 날이에요!

5 **What a** big house it is!
집이 정말 크네요!

**incredible** 믿을 수 없는  **fortunate** 운이 좋은  **awesome** 멋진, 훌륭한  **presentation** 발표

당신이 만약 내 옆에 있었다면

# If you were next to me ~

**twitter**

if u was(→ **were**) next to me I bet u wouldn't say dat, dnt hide behind da keypad.
만약 당신이 내 옆에 있었다면 그런 말 못 했을 거라 장담해요. 자판 뒤에 숨지 마세요. (인터넷 익명성에 의존해서 막말하지 마세요.)

*한 팬이 "샤크, 당신은 키만 크지, 농구 플레이는 엉망이에요."라고 트위터 글을 올린 것에 대한 답변
* u = you, dnt = don't, da = the

## ■ 가정법 과거형

현재 사실과 반대의 상황을 표현할 때 '가정법 과거형(현재 거꾸로)'을 사용합니다. 샤크가 팀 동료인 코비 브라이언트에게 이 사건(?)을 얘기했고 그 얘기를 들은 코비가 "만약 네가 그 사람을 때렸다면, 넌 감옥에 갔을 거야." 라고 말했다면 이것은 과거 사실에 대한 가정이 되겠죠? 샤크는 과거에 그 사람을 때리지 않았으니 말이죠. 이런 경우를 '가정법 과거완료(과거 거꾸로)'라고 합니다. 흑어(흑인 영어)에서는 샤크처럼 대화시 문법을 파괴하고 were 대신 was를 사용하지만, 원칙적으로는 틀린 표현입니다.
참고로 가정법 과거는 「If+주어+과거동사, 주어+would/could/might+동사원형」이고, 가정법 과거완료 「If+주어+had+과거분사, 주어+would/could/might+have+과거분사」 형태로 쓰입니다.

1. What **would** you **do if** you **were** me? 당신이 나라면 어떻게 하겠습니까?
2. If I **were** you, I **would not accept** the proposal.
   내가 당신이라면, 나는 그 제안을 받아들이지 않을 거예요.
3. If you **had hit** him, you **would have gone** to a jail.
   만약 네가 그 사람을 때렸다면, 너는 감옥에 갔을 겁니다.
4. If she **had worked** harder, she **would have succeeded**.
   만약 그녀가 열심히 일했다면 그녀는 성공했을 겁니다.

■ **next to** ~ 옆에  **bet** 확신하다  **hide** 숨다  **accept** 받아들이다  **proposal** 제안  **jail** 감옥  **succeed** 성공하다

혼자서는 복수로 쓰일 수 없는 명사

# luggage

> **twitter**
> 
> Packed my luggages(→ **luggage**) for tomorrow shooting.
> 내일 촬영을 위한 짐들을 다 꾸렸답니다.

### ▪ 짐은 불가산명사

'~ 중 하나'를 표현할 때 '~ one of 복수'를 너무 충실히 사용한 경우입니다. 짐은 분명 여러 가지이지만 그래도 짐을 지칭할 때는 불가산명사(셀 수 없는 명사)로 써야 합니다. 즉 부정관사 a/an을 붙일 수도 없고 복수형 어미 -s를 붙일 수도 없습니다.

food도 같은 경우여서 셀 수 없는 게 맞지만 health foods(건강식품), baby foods(유아용식품)같이 '특정 식품'은 복수도 가능합니다.

### 셀 수 있는 명사로 착각하기 쉬운, 셀 수 없는 명사

| | | | |
|---|---|---|---|
| spam 스팸메일, 스팸문자 | news 뉴스 | luggage 짐 | information 정보 |
| furniture 가구 | paper 종이 | equipment 장비 | |

1. There is a lot of **food** on the table. (~~foods~~)
   테이블에는 음식이 많이 있습니다.
2. I received a lot of **spam** yesterday. (~~spams~~)
   어제 엄청 많은 스팸메일들을 받았어요.
3. My parents are standing in line with their **luggage**. (~~luggages~~)
   저희 부모님이 짐을 가지고 줄서고 계세요.
4. She needs help rearranging some **furniture**. (~~furnitures~~)
   그녀가 가구 몇 개를 재배치하는 걸 도와달래요.
5. All sports **equipment** is on sale today. (~~equipments~~)
   오늘 모든 스포츠 장비들이 세일 중이에요.

## ~로 돌아갈 거예요

## will go back to ~

> **twitter**
> I will going(→ **will go**) back to korea 9th!! I miss you~~
> 9일 한국으로 돌아갈 거예요!! 보고 싶네요~~

■ 조동사+동사원형

조동사의 '조' 자는 한문으로 도울 조(助)입니다. 보조 주방장이 주방장의 일을 돕듯이 조동사는 본동사의 의미를 더 명확하게 해주는 데 쓰입니다. 조동사가 있으면 다음에는 반드시 동사원형이 필요합니다. 그러므로 조동사 will(~할 것이다) 다음에는 동사원형인 go가 와야 합니다.

1 She **will study** in the library.
   그녀는 도서관에서 공부할 것입니다. (미래)

2 She **can study** in the library.
   그녀는 도서관에서 공부할 수 있습니다. (가능)

3 She **may study** in the library.
   그녀는 도서관에서 공부해도 됩니다. (허락)

4 She **must study** in the library.
   그녀는 도서관에 공부해야 합니다. (의무)

■ library 도서관 miss 그리워하다

# Part 4
# 국내 셀러브리티들의 멘션에서 건진 트위터 필수 영어

twitter

## 아무리 ~해도 질리지 않아요

# get tired of

> **twitter** 소설가 / **무라카미 하루키**
>
> 하늘이 좋아요. 언제 봐도 질리지 않고, 보고 싶지 않을 때는 안 보면 되니까요.
> I like sky. I never **get tired of** it and don't have to see it when I don't want to.
>
> *트위터 원문 — 空が好きなんだ、いつまで見てても飽きないし、見たくないときは見なくて?む.

■ 트위터 타임라인에서 가장 많이 목격할 수 있는 한글 표현은 ~ 지루해, ~에 질렸어, ~가 지긋지긋해라는 싫증의 표현입니다. 이것을 한 방에 아우를 수 있는 표현이 바로 get tired of(~에 싫증나다)입니다. get tired of 다음에는 명사나 동명사를 넣어줍니다.
원래 to부정사인데, 동사원형 부분(see)이 반복되므로, to만 남기고 뒷부분을 생략해서 표현할 때가 있습니다. 이렇게 대신 남은 to를 대부정사라고 부릅니다. to부정사 대신 쓰는 줄임말인 셈이죠. 대부정사를 쓰는 동사로는 want, wish, like, love, hate, hope, try, have, ought, need, used to, be able to, be going to 등이 있습니다.

A: Would you like to have some tea? B: Yes, I'd **like to**. (to ← to have some tea)
A: 차 좀 드실래요? B: 네, 그러고 싶습니다.

1 I never **get tired of** this song. 이 노래는 질리지가 않네요.
2 She **got tired of** the country so she moved into town.
   시골 생활에 질려서 그녀는 도시로 이사 갔어요.
3 I finally **got tired of** his constant complains.
   그 사람의 끊임없는 불평에 저도 이젠 질렸어요.
4 I **got tired of** saying the same thing. 같은 말 반복하는 거 진절머리가 나네요.
5 It's been raining for 6 days and I'm really **getting tired of** this weather.
   6일 동안이나 비가 오고 있어서 이런 날씨에 정말 질렸어요.

■ **get tired of** ~에 질리다 **would like to** + 동사원형 ~하고 싶다 **finally** 마침내 **constant** 계속되는 **complain** 불평 **weather** 날씨

## 에이~ 귀찮게시리!

# Don't bug me!

> **twitter**      MC, 개그맨 / 김제동
>
> 에이 귀찮게시리, 먹기 싫다니까. 흠.
> Hey, **don't bug me**. I don't wanna eat. Hmmm.
> *함께 등산을 간 가수 이효리가 김밥을 권하자, 거드름을 피우며 한 말

■ bug는 어린 아이들이 벌레들을 가지고 괴롭히며 장난치는 데서 유래한 말입니다. 싫다는데 졸졸졸 따라다니며 성가시게 할 때 쓰면 안성맞춤입니다! 동사 bug의 '괴롭히다, 성가시게 하다'라는 뜻을 기억해두면 네이티브처럼 자연스런 멘션을 날릴 수 있답니다. Am I bugging you?(내가 널 지금 성가시게 하고 있니?)는 길고 좀 어색한 Am I giving you hard time?보다는 더 깔끔한 표현이라 하겠습니다.

1. He **bugged** me to death.
   그 녀석이 저를 미치도록 괴롭혔어요.
2. What is **bugging** you?
   뭐 때문에 열 받는데요?
3. Who is **bugging** you?
   누가 당신을 괴롭히나요?
4. Would you stop **bugging** me, plz? I'm trying to work.
   그만 좀 괴롭힐래요? 일 좀 합시다.
5. What's been **bugging** you?
   무슨 일 있어요? (뭐가 당신을 괴롭히고 있나요?)

■ bug 벌레; 괴롭히다   wanna + 동사원형 = want to + 동사원형 ~하고 싶다

## 잘돼가고 있는 것 같아요
# It seems like/be going well

**twitter** 예술감독 / **박칼린**

〈남자의 자격〉 잘돼가고 있는 것 같아요!
**(It) Seems like** *What makes a man* **is going well**!

■ It seems like는 100퍼센트 확실하지는 않더라도 대충 그럴 것이란 느낌이 올 경우, 혹은 확실하게 추측되는 경우에 사용합니다. 비슷한 표현으로는 Look like(~처럼 보이네요)가 있습니다. 중요한 것은 두 경우 모두 like 다음에 명사가 와야 한다는 것입니다.
잘되어가고 있다는 표현은 be going well입니다. 잘~이라는 부사 well 대신에 다른 부사들을 넣어주면 다양하게 사용할 수 있습니다. going smoothly(매끄럽게 되어가고 있어요), going without problems(문제없이 진행되고 있어요), 혹은 going without hardship(애로사항 없이 진행되고 있어요)처럼 말이죠. 잘 진행이 안 되고 있는 경우에는 is not going well처럼 not을 붙여주기만 하면 돼요.

1. **It seems like** snow.
   눈이 올 것 같아요.
2. **It seems like** the baby wants to go home.
   애가 집에 가고 싶어 하는 것 같아요.
3. If all **goes well**, the company is expected to make a lot of money.
   모든 게 잘되면 회사는 돈을 많이 벌 것 같아요.
4. When you're unlucky, everything **goes wrong** for you.
   엎친 데 덮친 격이네요.
5. Things are **going well** these days.
   요즘은 만사형통입니다.

■ *What makes a man* 〈남자의 자격〉 (TV 방송 코너명) **go well** 잘 진행되다 **seem like** ~처럼 보이다 **be expected to** + 동사원형 ~할 것이라 예상되다 **make money** 돈을 벌다 **lucky** 행운의 **go wrong** 잘못되다 **these days** 요즘

## ~이 …밖에 안 남았어요
# ~ is+시간/거리+away

---

### twitter  가수 / 김동률

공연이 한 달밖에 안 남았어요.
**My concert is only one month away.**

---

- '시간이나 거리가 ~만큼 남았다'고 표현할 때는 「be + 시간/거리 + away」를 사용합니다. away는 '(시간/거리 등이) 남아 있다'라는 의미이지만, remaining은 「시간/사람 + remaining」 형태로 쓰이며 '(시간/사람 등이) 남아 있다'라는 의미입니다.

Only 4 minutes 30 seconds **remaining** till the timeout.
경기 종료까지 4분 30초 남았습니다.

There are now 5 people **remaining** in the party.
파티에는 이제 다섯 사람 남아 있어요.

---

1. Seoul is three hours **away** from here.
   여기서 서울까지는 3시간 남았어요.
2. 12~15 hours **away** from New York if you drive a car.
   차로 온다면 뉴욕에서 12~15시간 걸립니다.
3. The town that I am going to visit today is 30 kilometers **away** from the downtown. 오늘 제가 가려고 하는 마을은 시내로부터 30킬로미터 떨어진 곳이에요.
4. How many hours **away** is Seoul to Busan?
   서울에서 부산까지 몇 시간 걸리나요?
5. Halloween is 3 days **away**. I need to buy halloween costumes.
   핼러윈데이가 3일밖에 안 남았어요. 핼러윈 때 입을 옷을 사야겠어요.

**be going to + 동사원형** ~할 예정이다  **costume** 복장, 옷  **downtown** 번화가

### 편히 잠드세요. ~해서 영광이었어요

# RIP/It was an honor to+동사원형

> **twitter**     2PM / 닉쿤
>
> 앙드레김 선생님. 한 번이라도 선생님의 패션쇼에 설 수 있어서 영광이었습니다. 모두가 선생님을 기억할 겁니다. 이젠 하늘에서 편히 쉬세요. 존경합니다.
> **RIP(rest in peace)** Mr. Andre Kim. **It was an honor to** be in your fashion show. Everybody will remember you. May his soul rest in peace in heaven. RIP. With respect.
>
> *디자이너 앙드레김의 별세 소식을 듣고 트위터에 올린 조의의 글

■ 누군가가 돌아가셔서(passed away) 편지글이나 인터넷상에 추모하는 문구를 올리고 싶을 때는 「Rest in Peace(RIP) + 고인의 이름」으로 표현합니다. 그 뒤에 고인의 업적이나 존경했던 이유를 붙이는 게 일반적인데, 이때 요긴하게 사용될 수 있는 영어 표현이 바로 「It was an honor to + 동사원형」(~해서 영광이었어요)입니다.

1. **It was an honor to** be with you.
   당신과 함께해서 영광이었습니다.
2. **It's(= It has) been an honor to** work with you.
   당신과 함께 일할 수 있어서 영광이었습니다.
3. **It was such an honor to** be inducted into the Hall of Fame.
   명예의 전당에 들게 되어 영광이에요.
4. **It was an honor to** participate in this presentation.
   이 프레젠테이션에 참가하게 되서 영광입니다.
5. **It is an honor just to** be nominated for this contest.
   이 콘테스트에 후보로 오르는 것만으로도 영광이에요.

■ **honor** 영광 **soul** 영혼 **rest** 편히 쉬다 **respect** 존경 **pass away** 돌아가시다 **induct** (명예의 전당에) 들어가게 하다 **Hall of Fame** 명예의 전당 **participate in** ~에 참가하다 **presentation** 발표 **nominate** 후보에 올리다 **contest** 경연장, 콘테스트

## 떡이 됐어요

# 주어+be wasted

> **twitter** 　　　　　　　　　　　　기업인 / 박용만
>
> 이번 주 피로로 인하여 현재 떡이 되어 있어서 번개 불가능입니다.
> I**'m** too **wasted** right now from this week's fatigue. Therefore, having a quick get-together is impossible.

「주어 + be wasted」는 '너무 피곤합니다, 술을 너무 많이 마셔서 인사불성 상태입니다'를 나타낼 때 사용되는 표현입니다. waste는 '낭비하다'라는 동사로 주로 쓰이지만 '기력을 다 빠지게 하다'라는 의미도 있습니다. 그래서 be wasted가 술과 연관될 때는, '떡이 될 때까지 마시다'라는 의미가 되고, 몸 상태와 관련해서는 '너무 피곤해서 기력이 하나도 없다'라는 뜻이 되죠. '떡이 됐네요'라는 어감을 살릴 때 사용하면 딱 맞습니다.
참고로 술을 마셔서 필름이 끊기는 것은 black out이라고 합니다.
He **blacked out** last night. 그는 지난밤 필름이 끊겼어요.

1. He **was** totally **wasted** last night.
   그 사람 어젯밤에 완전히 떡이 됐어요. (술)
2. Now, I **am wasted** right now and can not move.
   지금 너무 피곤해서 움직일 수가 없어요. (피곤)
3. Who wants to **get** totally **wasted** tonight?
   오늘 끝까지 마셔볼 사람 있나요? (술)
4. My body **is wasting** away. 몸이 피폐해지고 있어요.
5. A: How was Jane at the party?
   B: She **was** really **wasted**. You should have seen her.
   A: 파티에서 제인은 어땠어요?
   B: 완전히 떡이 되었어요. 그녀를 봤어야 했는데.

**wasted** 진이 빠진　**fatigue** 피로　**therefore** 그러므로　**quick get-together** 번개모임　**black out** 필름이 끊기다　**waste away** 몸이 피폐해지다　**should have + p.p.** ~했어야만 했어요

## 쏘라 그러자

# foot the bill

> **twitter** 가수 / 보아
>
> 날을 잡아! 특이 오빠한테 쏘라 그러자. ㅋㅋㅋㅋ 근데 나 기분 짱 좋앙^^
> Set a date! Let's make Teuk **foot the bill**. Btw(=by the way), I'm feeling awesome right now.

▪ '비용을 지불하다'라는 뜻은 foot the bill입니다. bill은 '지폐'라는 뜻도 되지만 '계산서'를 의미하기도 해요. 그래서 foot the bill은 글자 그대로는 '계산서를 밟다'라는 의미가 되는데, 계산서에 적힌 돈을 낸다는 뜻이죠. 서로 쏘겠다고 옥신각신하는 모습이 연상되겠지만, foot the bill은 돈을 내기 싫은데 억지로 내는 경우에도 사용됩니다.
이외에도 '내가 쏠게.'라는 표현은 I will pick up the tab.(내가 계산서를 집을게.), I will treat.(내가 한 턱 낼게.)이 많이 사용됩니다.

1 Who is going to **foot the bill** for the pizza?
   피자 누가 계산할 건가요?
2 The company must **foot the bill** for health insurance of its employees. 직원들의 의료보험 비용은 그 회사가 지불해야 합니다.
3 Not this time! You always paid for our lunch. I'm the one **footing the bill**. 이번엔 안 돼요! 점심값 계속 냈잖아요. 이번엔 제가 쏩니다.
4 Please, you don't **foot the bill** around here.
   여기서는 네 돈을 쓰면 안 돼.
5 Who should **foot the bill** for the damaged car?
   손상된 차 수리 비용은 누가 내야 하나요?

▪ **set a date** 날짜를 정하다 **bill(= tab)** 계산서 **by the way(= btw)** 그런데 **awesome** 훌륭한, 기분이 좋은 **treat** 대접하다, 쏘다 **health insurance** 건강보험 **employee** 직원 **damaged** 고장 난, 손상된

# ~에 가는 길

# on one's way to

> **twitter** 개그우먼, MC / 신봉선
>
> 〈해피 투게더〉 촬영 마치고 집에 가는 길~~ ^^*
> **On my way** home after shooting *Happy Together*!

- '~에 가는 길'을 나타내는 on one's way to는 트위터에서 가장 많이 쓰이는 표현 중 하나입니다. 그런데 언제 전치사 to를 넣고, 언제 to를 안 넣을까요? 향하고 있는 장소가 명사일 때는 to를 쓰지만 부사일 때는 to를 쓰지 않죠. on my way home에서 home은 부사이기 때문에 to를 쓰지 않는 것입니다. abroad도 마찬가지 경우이고요.

She is **on her way to** your home.
그녀는 당신 집에 가고 있어요. (your home은 '네 집'이란 명사. 장소 전치사 to 사용)

Have you ever been **abroad**?
해외에 가본 적 있어요? (abroad는 부사. 전치사 to 사용하지 않음)

I have been **to** U.S., Sweden, and Germany.
저는 미국, 스웨덴, 그리고 독일에 가봤어요. (나라 이름. 전치사 to 사용)

1. The travellers are **on their way** to Korea.
   그 여행객들은 한국으로 오는 길입니다.
2. **On my way** home I saw a terrible traffic accident.
   집으로 가는 길에 끔찍한 교통사고를 목격했어요.
3. My sister is **on her way** home with her friend.
   내 여동생이 친구와 집에 오고 있습니다.
4. I will be **on my way** home after 10 o'clock.
   열시 넘어서야 집에 갈 거야.
5. **On your way to** the bank stop by Starbucks and buy one tall mocha Latte. 그 은행 가는 길에 스타벅스에 들러 모카라떼 톨 사이즈 하나 사다주세요.

- **shooting** 촬영 **abroad** 해외로 **terrible** 끔찍한 **traffic** 교통의 **accident** 사고

## ~가 결혼한대요

# tie the knot

> **twitter**  MC, 개그맨 / 서경석
>
> 11월에 결혼하게 됐고요. 다시 한 번 축하해주신 많은 분들께 감사드려요!! 이젠 저도 품절ㅋㅋ
> I am **tying the knot** in Nov. Thanks again for your congratulations. Now I am sold out.

▪ tie는 끈과 같은 것을 '묶다'라는 의미이지만, tie the knot은 단순히 끈을 '묶다'라는 뜻보다는 '결혼하다'라는 의미의 구어체 표현으로 더 자주 사용됩니다. 같은 의미로 I am getting married in Nov. 라고 하지만 marry를 쓸 때 주의해야 할 점이 있습니다. '나는 그녀와 결혼할 거야.'라고 할 때, I'll marry with her.가 아니라 I'll marry her.라고 해야 합니다. marry는 타동사이므로 전치사 없이 목적어를 곧바로 취해야 하기 때문이죠.

**전치사 없이 목적어를 바로 취하는 동사들**
He **entered** ~~into~~ the house.
She **resembles** ~~with~~ her mother.
She **mentioned** ~~about~~ the issue.
He **reached** ~~at~~ the station.
We **discussed** ~~about~~ the problem.

1. My fiancee and I are going to **tie the knot** next week.
   제 약혼녀와 제가 다음 주에 결혼합니다.
2. I'm so happy to hear that she is finally going to **tie the knot**.
   그녀가 마침내 결혼한다는 소식을 듣게 되니 너무 기쁘네요.
3. After dating for 3 years, we finally decided to **tie the knot**.
   3년간 연애한 후에, 우리는 마침내 결혼하기로 결정했어요.
4. When are you two going to **tie the knot**?
   두 분은 언제 결혼할 거예요?
5. Spring is the best time to **tie the knot**. 봄은 결혼하기에 가장 좋은 계절입니다.

▪ **tie** 묶다 **knot** 매듭 **congratulation** 축하 **sold out** 팔린, 매진된, 품절의 **decide** 결심하다 **reach** 도달하다 **resemble** 닮다 **discuss** 토론하다 **mention** 언급하다 **issue** 문제

## ~가 많네요
# there are a lot of ~

> **twitter** 　　　　　　　　　　　　　　　방송인 / 박경림
> 
> 정말 이 시간에 트위터 하시는 분들 참 많네요~ 다들 오늘 하루 참 고생하셨어요.
> **There are a lot of** people tweeting at this moment. You did a good job today.

■ '참 많네요' 처럼 사람이나 사물이 '있다' 또는 '없다' 같은 주제를 언급하고자 할 때 there is(are) ~가 사용됩니다. 이 구문에서 주어는 항상 be동사 다음에 옵니다. 따라서 복수명사가 나오면 동사가 are이고, 단수명사가 나오면 동사는 is를 사용합니다.

**There are** many places to visit. 방문할 곳들이 많네요.
**There is** a car in the garage. 차고에 차가 한 대 있어요.

그러나 불가산명사가 오는 경우에는 단수로 취급해서 동사도 is를 써야 합니다. 이런 불가산 명사에는 food, money, time, memory, baggage(수하물), furniture 등이 있습니다.

**There is** much furniture at the store. 상점에 가구가 많네요.

1. **There are** a lot of reasons for his success.
   그 사람이 성공한 데에는 이유가 많아요.
2. **There are** too many mosquito bites in my left arm.
   왼팔에 모기 물린 자국이 너무 많아요.
3. **There is** no doubt about it.
   그건 틀림없습니다.
4. Where **there is** a will, there is a way.
   뜻이 있는 곳에 길이 있습니다.
5. **There is**n't any salt on the table. 식탁에 소금이 하나도 없네요.

■ **at this moment** 지금 이 순간 **place** 장소 **garage** 차고 **furniture** 가구 **baggage** 수하물 **success** 성공 **mosquito** 모기 **bite** 물린 자국 **doubt** 의심하다; 의심 **will** 의지 **salt** 소금

~에 힘쓰고 있어요

# be working on

---

**twitter**  가수, 탤런트 / 알렉스

열심히 작업 중입니다. 너무 늦어지지만 않으면 십일월에 나옵니다. 알렉스 솔로 이집. 조금만 기다려주세요.
**Working on** my 2nd album which will be released in november. please be patient.

---

▪ be working on은 일이 진행되고 있다는 의미도 있고, 열심히 노력하고 있다는 의미도 있습니다. 일상을 자주 전하는 트위터 영어로 쓰기에 활용도가 높은 표현입니다.

알렉스의 멘션은 두 문장으로 나뉩니다. I am working on my 2nd album / and it will be released in Nov. 두 문장을 하나로 이어줄 때는 and 말고도 알렉스처럼 주격 관계대명사 which를 사용할 수 있고요. 관계대명사 which는 접속사(and)와 대명사(it) 역할을 동시에 합니다. 관계대명사(which)를 써서 하나의 문장으로 연결할 때, 뒤에서 이어지는 문장 앞에 있는 명사(house)를 선행사라고 부릅니다. 선행사가 house처럼 사물 또는 동물이면 which를 쓰고, 사람이면 who를 사용합니다. that은 모든 선행사에 사용 가능합니다. 공식으로 쓰자면 「who/which/that + 동사」가 되겠죠?

I want to buy a house **and it** has four rooms.
= I want to buy a house **which** has four rooms.
I have a friend **and he** is very smart. = I have a friend **who** is very smart.

1   I'm busy **working on** my final paper. 기말고사 리포트를 열심히 작성하고 있어요.
2   The company is **working on** apps for iPhone.
    그 회사는 아이폰에 쓰이는 어플들의 개발에 힘쓰고 있어요.
3   A: Mr. Kim, how's your new project is going?
    B: Oh, I'm still **working on** it.
    A: 미스터 김, 새로운 프로젝트 건은 어떻게 되어가고 있나요? B: 아직 하고 있는 중입니다.

▪ **release** 출시하다, 발간하다  **patient** 환자; 참을성 있는  **antecedent** 선행사  **smart** 똑똑한, 지혜로운  **final** 기말고사  **paper** 보고서  **hard** 딱딱한, 열심히  **assignment** 과제

## 너무 뜸했죠

# It's been a while since

**twitter** 탤런트 겸 가수 / 황정음

요즘 너무 뜸했죠? 영화 〈고사〉 촬영과 드라마 〈자이언트〉 대본 연습 때문에 바쁘답니다. **It's been a while since** I was here. I have been busy shooting *Death Bell 2: Bloody Camp* and practicing for *Giant*.

- 현재완료(have + p.p.)와 since(~ 이후로)는 찰떡궁합을 자랑합니다.

since는 '~ 이후로'라는 의미이므로 since가 나왔다면 과거 시점부터 현재까지 이어오고 있는 현재완료가 나와야 합니다. 특정 과거에서는 단순 과거동사를 사용하지만 과거 시점부터 현재까지의 기간에는 현재완료를 사용해야 합니다.

The price of rice **increased** significantly **last** week. (과거)
지난주 쌀값이 많이 올랐어요.

The price of rice has **increased** significantly **since** last week. (현재완료)
지난주 이후로 쌀값이 많이 올랐어요.

1 **It's been a while.** 정말 오랜만이야.
2 **It's been a while since** I tweeted on my twitter.
    트위터에 글을 올린 지 한참 지났네요.
3 **It's been a while since** we had a beer together.
    같이 맥주 한잔 한 지가 꽤 오래됐네요.
4 **It's been a while since** my last blog post.
    지난번에 블로그에 글 올린 이후로 꽤 오래됐네요.
5 A: When was the last time you went to the movies?
    B: I have no idea. **It's been a while since** I watched movies.
    A: 가장 최근에 영화관에 가본 게 언제예요? B: 생각이 안 나네요. 영화 본 지도 한참된 것 같네요.

- **practice** 연습하다; 연습 **user** 사용자 **increase** 증가하다 **introduction** 소개, 도입 **post** 블로그 등에 글을 올리는 것 **have no idea** 전혀 모르겠어요 **theater** 영화관

## 예약했습니다
# make a reservation

**twitter**  MC / 백지연

오늘은 트레이너와 운동 예약했습니당!
Today, I **made a reservation** for a workout with a trainer!

숙박시설이나 교통수단 혹은 식당 같은 곳을 예약할 때는 make a reservation이 흔하게 사용됩니다. 예약하는 대상을 직접 언급하는 경우에는 reserve 혹은 book 뒤에 그 대상을 넣습니다. 호텔이나 식당 측에서 고객에게 예약을 확인할 때는 현재형을 사용합니다. 이런 질문을 받아도 놀라지 마시길.
Do you **have an appointment**? Do you **have a reservation**? 예약했습니까?

### make로 만들 수 있는 구동사

make a decision 결정을 내리다
make a difference 효과가 있다, 변화가 있다
make an effort 노력하다

make a mistake 실수하다
make a big money 돈을 많이 벌다
make a suggestion 제안하다

1. **Making a reservation** is essential in vacation season.
   휴가 시즌 때 예약을 하는 것은 필수입니다.
2. We recommend that you **make a reservation** in advance.
   사전에 예약해둘 것을 권해드립니다.
3. Do we have to **make a reservation** when taking the boat?
   그 보트를 타려면 예약해야 하나요?
4. I'd like to **book** a flight to Paris.
   파리행 비행기를 예약하고 싶어요.
5. What if I want to **reserve** a ocean view room?
   바다가 보이는 방을 예약하려면 어떻게 해야 하나요?

**reservation** 예약 **workout** 운동 **decision** 결정 **effort** 노력 **essential** 없어서는 안 될, 필수의 **vacation** 휴가 **flight** 항공편 **recommend** 추천하다 **in advance** 미리

## 생각할 때마다 가슴이 두근두근

# whenever

**twitter**  소설가 / 황석영

저 지금 긴장하고 있지요. 새 작품 생각할 때마다 가슴이 두근두근.
I am pretty nervous right now. I get butterflies in my stomach **whenever** I think of a new work.

- whenever를 복합관계부사라고 합니다. 복합관계부사에는 wherever, whenever, however 등이 있습니다. where(선행사가 장소일 때), when(선행사가 시간일 때), how(선행사가 방법일 때)는 문장과 문장을 잇는 접속사와 부사의 역할을 동시에 한다고 해서 관계부사라고 부릅니다. 이 관계부사에 -ever가 붙은 형태를 복합관계부사라고 하는데, 복합관계부사 다음에는 「주어 + 동사」 형태의 완벽한 문장이 옵니다.

1. I get butterflies in my stomach **whenever** I speak in front of people.
   사람들 앞에서 말을 할 때면 언제나 가슴이 두근거려요.
2. **Whenever** I think of you, I get butterflies in my stomach.
   당신을 생각하면 언제나 가슴이 두근두근거려요.
3. Why do I get butterflies in my stomach **whenever** I think of her?
   왜 저는 그녀를 생각할 때마다 가슴이 두근두근거릴까요?
4. True love is the first person who comes to your mind, **whenever** you feel sad. 당신이 슬플 때 머리에 제일 먼저 떠오르는 사람이 진정한 사랑입니다.
5. **Whenever** you need our help, we're always beside you.
   당신이 우리를 필요로 할 때는 언제든 당신 곁에 있을 겁니다.

- **nervous** 긴장한 **right now** 당장 **butterfly** 나비 **stomach** 위 **whenever** ~할 때마다 **presentation** 발표

## 훨씬 ~하네요
# far, even, much, still, a lot, a bit+비교급

> **twitter** 　　　　　　　　　　　　　　　의사 / **박경철**
>
> 오전 방송 마치고 버스터미널로 가는 중인데, 지하철이 생각보다 훨씬 복잡하네요.
> I am on my way to bus terminal after my morning broadcast. It's **far more** crowded in the subway than I expected.

■ 비교급을 수식하거나 강조하는 부사는 far, even, much, still, a lot, a bit 등이 있습니다. 부사는 부사, 형용사, 동사를 수식합니다. too much(너무 많은)에서 형용사(much)를 수식하기 위해 부사(too)가 있고요, 부사인 too를 수식하기 위해 엄청나게라는 부사(way)를 넣는다면 way too much(엄청나게 너무 많은)가 됩니다. 그럼 동사는? slowly moved(천천히 움직였다)에서처럼 움직이다라는 동사를 천천히라는 부사가 꾸며주는 거죠. 주의할 점은 아래 예와 같이 very는 비교급을 수식할 수가 없다는 사실!

Your car is **very** more expensive than mine. (x)
Your car is **far** more expensive than mine. (o) 당신 차가 제 차보다 훨씬 더 비싸요.

1　It's **far** more expensive than I expected.
　내가 생각한 것보다 훨씬 비싸네요.
2　The new smartphone is **a lot** better than I expected.
　그 새로운 스마트폰이 내가 예상한 것보다 훨씬 좋은데요.
3　The project went well **even** better than I had expected.
　그 프로젝트는 내가 예상한 것보다 잘 풀렸어요.
4　The midterm of this class was **a bit** easier than I had expected.
　이 과목의 중간고사는 내가 기대했던 것보다 약간 더 쉬웠어요.
5　The popularity of Twitter is **much** higher than we expected.
　트위터의 인기는 우리가 예상했던 것보다 훨씬 높네요.

■ **on one's way to + 장소/지역** ~로 가는 길　**broadcast** 방송　**crowded** 붐비는　**expect** 기대하다　**far** 멀리, 훨씬　**midterm** 중간고사　**popularity** 인기

## 몸이 뻐근하고 온몸이 욱신욱신
# I am feeling ~/I feel

> **twitter** 탤런트, 영화배우 / 윤은혜
> 아, 몸이 뻐근하고 온몸이 욱신욱신; ㅋㅋ 이럴 땐… 음… 무엇을 먹으면 좋을까요?
> **I'm feeling** heavy and aching all over (the place). What am I supposed to eat at times like these?

■ 감정, 사고, 소유, 인식 등을 나타내는 상태 동사(stative verbs)는 지속적인 상태를 나타내기 때문에 일시적인 동작의 연속을 의미하는 진행형을 쓸 수 없습니다. 상태 동사에는 like, love, hate, see, hear, feel, smell, taste, have, possess, belong to, think, believe 등이 있습니다.

위의 I'm feeling heavy and aching.에서는 상태 동사 feel을 진행형으로 썼습니다. 원어민들이 그냥 그렇게도 쓰기 때문에 트위터를 포함하여 구어체 영어에서는 상태 동사의 문법 틀을 깨고 진행형으로 사용하기도 합니다.

You **are resembling** your father. (x)
You **resemble** your father. (o) 당신은 아버지를 빼다 박으셨군요.

### 몸 상태를 표현할 때

I'm in good shape. 컨디션이 좋아요.
I have a fever. 열이 있어요.

I have a stiff neck. 목이 뻐근해요.
My nose is bleeding. 코피가 나요.

1. When I woke up, I **felt** very heavy and ache all over my body.
   일어났을 때, 온몸이 뻐근하고 욱신욱신했어요.
2. My arms and legs really **feel** heavy and ache. Do I have to see a doctor? 팔과 다리가 욱신욱신해요. 병원에 가봐야 하나요?
3. The car accident in the morning caused my right arm to **feel** heavy and ache all day long. 아침에 일어났던 차사고 때문에 오른팔이 하루 종일 욱신거렸어요.

■ be supposed to + 동사원형 ~하기로 되어 있다　stative verb 상태 동사　resemble 닮다　possess 소유하다　belong to + 명사 ~에 속하다　taste 맛보다　shape 형태　stiff 굳은　car accident 차 사고

# ~가 당기네요

## feel like+(동)명사

**twitter**  기업인 / 정용진

오늘 고기가 당기네요.
I **feel like** meat today.

「feel like + (동)명사」는 I feel like crying.(울고 싶은 기분이야.)에서처럼 '~하고 싶은 기분이야'라는 의미로 쓰이는 표현입니다. 여기 트위터에서처럼 음식이 당긴다, 영화가 당긴다 등과 같은 말을 하고 싶을 때도 유용하게 쓸 수 있죠. 이밖에도 '~하고 싶다'란 의미로 많이 쓰이는 표현에는 다음과 같은 것들이 있어요.

「would like to + 동사원형」(가장 정중한 표현)
I **would like to** have some tea. 차를 좀 마시고 싶어요.

「want to + 동사원형」
I **want to** eat the cheese burger. 그 치즈버거가 먹고 싶어요.

1. I **feel like** hav**ing** this tea refilled.
   이 차 리필 좀 받고 싶은데.
2. What do you **feel like** eat**ing**?
   뭐 먹고 싶어? 뭐가 당겨?
3. I **feel like** a drink tonight.
   오늘밤 어쩐지 술 한잔 당기네요.
4. Rain makes me **feel like** hot soup.
   비가 오니까 뜨거운 국물이 당기네요.
5. I **feel like** hav**ing** some potato chips.
   감자칩이 당기는데요.

■ **feel like + (동)명사** ~하고 싶다, ~하고 싶은 기분이다  **refill** 리필하다, 다시 채우다

## 목이 쉬었어요

# My voice is gone

> **twitter** 　　　　　　　　　개그우먼, MC / **조혜련**
>
> 오늘은 10시간의 촬영으로 목이 쉬었네요. 내일은 조금 여유를 가지고 싶네요.
> Because of the 10 hrs of shooting today, **my voice is gone**. I want to get relaxed tomorrow.

■ The voice is gone. 이라고 하면 한국말로 목소리가 갔어요라는 직역 표현과 같아서, 콩글리시(broken English)라고 오해했던 분들, 놀라셨죠? 사실 목이 쉬었다 혹은 목소리가 맛이 갔다에 대한 표현은 I have a hoarse voice. 가 있기는 하지만 Voice is gone. 이 보편적으로 쓰인답니다.

**콩글리시 같지만 의외로 많이 쓰이는 은유 표현**
The battery **is dead**. 배터리가 다되 소모되었어요. (배터리가 사망했어요.)
I **am** really **wasted** from the workout. 운동 때문에 몸에 진이 다 빠졌어요. (몸이 낭비됐어요.)

1. My **voice is gone** completely.
   목소리가 완전히 쉬었어요.
2. Jane's **voice is gone** from the cold.
   감기 때문에 제인의 목소리가 쉬었어요.
3. Even though her **voice was gone**, she pronounced the word out loud.
   그녀는 목소리가 쉬었음에도 불구하고 그 단어를 아주 크게 발음했어요.
4. My **voice has been gone**. How do I get it back?
   목이 쉬었는데 어떻게 되돌릴 수 있나요?
5. Because my **voice had been gone**, I could not sing at the concert.
   제 목소리가 쉰 상태였기에 저는 그 콘서트에서 노래를 부를 수가 없었어요.

■ **because of** ~때문에　**hire** 고용하다　**disappoint** 실망시키다　**confuse** 헷갈리게 하다　**completely** 완전히　**even though** ~임에도 불구하고　**pronounce** 발음하다　**loud** 큰소리로　**get back** 되돌리다

## ~에 완전히 빠졌군요

# into+대상

> **twitter**　　　　　　　　　　　　　걸그룹 카라 / 니콜
>
> ㅋㅋ 완전 트위터에 빠졌군요 ~~ ㅋㅋㅋ
> You are totally **into** Twitter.

■ '~에 푹 빠지도록 좋아하다'를 나타낼 때는 be crazy about ~ 혹은 really like ~를 쓸 수도 있지만, 트위터 상에서 더 자연스러운 표현은 「be into + 대상」입니다. 「be into + 대상」은 빠지다라는 의미 외에도 완전 사랑한다, 좋아한다, 호감이 있다라는 의미도 있습니다. 영화나 미드 그리고 젊은 세대들 사이에서 애용되는 표현이니 꼭 외워두세요.
into는 Tadpoles turn into frogs. (올챙이는 개구리로 변합니다.)에서처럼 '~로 변하다', 혹은 I ran into Tim at the mart. (나 마트에서 팀을 우연히 만났어.)에서처럼 '우연히 만나다라는 의미로도 많이 쓰입니다.

1. I am really **into** her.
   저는 그녀한테 쏙 빠졌어요.
2. What are you **into**?
   뭘 좋아하시나요? (취미 등을 물을 때)
3. What type of guy are you **into**?
   남친 이상형이 어떻게 되나요?
4. Are you **into** the game?
   그 게임 좋아하나요?
5. I found a girl I'm really **into** but she's with another guy. What am I supposed to do?
   제 이상형을 발견했는데 남친이 있네요. 어떻게 해야 하나요?

■ **into** 속으로, 좋아하는　**be supposed to + 동사원형** ~하기로 되어 있다 (~해야 한다)

# ~를 대신해서

## on behalf of

> **twitter** 정당인 / 노회찬
>
> 말 못하는 라볶이를 대신해서 사과드립니다.^^
> **I apologize on behalf of rabboki who can't speak.**
>
> *저녁을 라볶이로 때웠다면 노회찬 씨가 올린 트위터 사진을 보고, "아 너무 합니다. 11시에 점심 먹고 지금까지 아무것도 ㅜㅜ 이런 사진은 제발."이라는 노회찬 씨의 팔로워가 올린 트윗에 대한 답변

▪ on behalf of는 전체를 대신하다 혹은 대표하다라는 의미가 큽니다. 라볶이를 대신 혹은 바꾸다는 의미보다는 대표해서 사과드립니다라는 어감이 더 강하니까요. 감이 느껴지나요? 그래서 미국 뉴스나 정치인들의 연설 등에서 On behalf of every single American, I want to express my gratitude.(모든 미국인들을 대신하여 감사드리고 싶어요.) 같은 형식으로 쓰인답니다. 비슷한 표현인 on account of는 '~ 때문에'라는 뜻이니까 on behalf of와 헷갈리지 않도록 하세요.

The flight to Jeju was cancelled **on account of** the fog.
제주발 비행기는 안개 때문에 결항되었어요.

He could not come **on account of** the car accident. 그 차 사고 때문에 그는 올 수 없었어요.

1. He came to this meeting **on behalf of** his boss.
   그는 상사를 대신해서 이 회의에 왔어요.
2. It is a great honor to accept this award **on behalf of** the actress.
   그 여배우를 대신해서 이 상을 받게 되어 영광입니다.
3. The minister conveyed condolences to the victims **on behalf of** the government. 그 장관은 정부를 대신하여 희생자들에게 애도를 표했습니다.
4. **On behalf of** my family, I want to express my deepest appreciation for coming this wedding ceremony.
   저희 가족을 대표하여 이 결혼식에 와주신 것에 대해 깊이 감사드립니다.
5. I am here **on behalf of** my husband who are recovering from the surgery. 수술 후 회복 중에 있는 남편을 대신하여 여기에 왔어요.

▪ apologize 사과하다 on behalf of ~를 대신하여 cancel 취소하다 on account of ~ 때문에 accept 받다 award 상 convey 나르다, 표시하다 condolence 애도 express 표현하다 appreciation 감사 ceremony 기념식 recover 회복하다 surgery 수술

# 든든하게 입고 나가세요

## bundle up

> **twitter**     MC, 개그우먼 / 김미화
>
> 아침에 나가실 때, 든든하게 입고 나가세요. 감사해요. 안녕히 주무시고요.
> **Bundle up** before you go out in the morning. Thank you guys. Good night! Sleep tight!

▪ 피곤해서 낮잠에 빠진 사람에게 잘 자라는 의미로 good night이라고 하기에는 조금 애매했죠? 그럴 때 괜찮은 표현이 바로 sleep tight입니다. 옛날에는 매트리스가 스프링으로 된 것이 아니라 로프로 얼기설기 엮인 형태여서 편안한 잠자리가 되려면 로프가 tight 하게 당겨져 있어야 한다는 데서 유래한 말입니다. 즉 sleep tight은 '편안하게 주무세요'라는 의미로 시간에 구애받지 않고 사용 가능한 표현입니다.

bundle은 한 무더기 혹은 끼워 팔기를 의미합니다. 따라서 a bundle of clothes라는 표현은 한 무더기의 옷을 의미합니다. bundle up은 옷을 무더기로 많이 껴입다, 즉 옷을 따뜻하게 차려입다라는 의미입니다. 겨울 시즌에 아침 영어뉴스를 틀었을 때, 기상캐스터가 보인다면 bundle up을 들을 확률은 99퍼센트입니다!

1. Make sure you **bundle up**.
   단단하게 입고 나가세요.
2. **Bundle up** before you go out.
   밖에 나갈 때는 따뜻하게 하고 나가세요.
3. You'd better **bundle up** today. It's going to be colder than yesterday.
   오늘 든든하게 껴입도록 해. 어제보다 오늘이 더 추울 거야.
4. You should always **bundle up** in extra covers during the winter season. 겨울에는 항상 옷을 여러 겹으로 든든하게 입어야 해요.
5. Should I **bundle up** like a mummy to make people happy on this Halloween? 이번 할로윈에 사람들을 즐겁게 해주기 위해 미라처럼 여러 겹 옷을 껴입어야 하나요?

▪ **bundle up** 따뜻하게 껴입다 **sleep tight** 편안히 자다 **make sure** 확신하다 **had better + 동사원형** ~해야 한다 **extra** 여분의 **mummy** 미라

## 이제 ~할 시간입니다 / ~하기로 되어 있어요
# It's time to + 동사원형

**twitter** 희망제작소 상임이사, 변호사 / **박원순**

이제 동경을 떠날 시간입니다. 3시쯤 김포공항 도착 예정입니다.
**It's time to** leave Tokyo now. I am supposed to arrive at the Kimpo airport around 3.

■ 트위터에서 가장 많이 쓰이는 표현임에도 네이티브들도 많이 헷갈려하는 형태가 바로 it's time과 I would rather 형태입니다. 주위에 외국인 있다면 꼭 물어보세요. 자기들끼리 논쟁하다 결국 싸움 납니다. It's (high) time 다음에 to가 오면 동사원형, to 대신 「주어 + 동사」 형태가 오면 동사는 반드시 과거형을 써요. I would rather도 마찬가지로 동사원형이 오거나 「주어 + 동사」 형태가 오면 반드시 동사는 과거형입니다.

「It's time to + 동사원형」 ~할 시간이다
**It's time to** study English. 영어 공부할 시간이다.

「It's time (that) 주어 + 과거동사」 ~했어야만 했다
**It is time** the children slept. 아이들이 잘 시간인데(안 잔다).

「I would rather + 동사원형」 나는 차라리 ~을 하겠다
**I would rather** go get some sleep. 저는 차라리 가서 잘래요.

「I would rather + 주어 + 과거동사」 나는 ~을 했으면 좋겠다
**I would rather** I slept. 잤으면 좋겠어요(자고 싶지만 못자고 있는 상황).

1 **It's time to** say goodbye. 이제 작별해야 할 시간이군요.
2 **It's time to** have breakfast. 아침 먹을 시간이에요.
3 **It's time to** get ready for the gym. 운동하러 갈 준비를 할 시간이에요.
4 **It's time** you went to school. 네가 학교에 갔을 시간이야. (왜 안 갔니?)
5 **It's high time** your mother got up. 어머님이 일어나셨을 시간이야. (왜 안 일어나셨지?)

■ **I would rather + 동사원형** 차라리 ~할래요  **get ready for** ~을 준비하다  **gym** 체육관  **cheat on** ~를 속이다

# ~을 궁금해 하시네요

## be curious about(on)

**twitter**  국회의원 / 박근혜

많은 분들이 제가 직접 하는지 궁금해 하시네요. 트위터 초보라서 쉽지는 않지만 직접 하는 것 맞습니다. ^^
**Lots of people are curious about whether I tweet by myself or not. Though I am new to Twitter, I am tweeting by myself.**

■ 실생활에서 많이 쓰지만 영어로 표현하기에 의외로 벅찬(?) 표현 중에 하나가 바로 '~가 궁금합니다' 입니다. 위의 트위터에서처럼 I am curious about(on)(~가 궁금합니다)도 좋고요, I am wondering about ~ 혹은 I wonder if ~라고 써도 좋습니다.

though는 '~임에도 불구하고'란 뜻으로 although의 비격식적인 표현입니다. in spite of, despite도 같은 뜻입니다. although(= though) 다음에는 「주어 + 동사」 형태의 절이 오는데 반해 despite(= in spite of) 다음에는 구(명사)가 옵니다.

**Although** John studied hard, he failed the exam. 존은 열심히 공부했지만 시험에서 떨어졌다.
**In spite of(= Despite)** John's hard work, he failed the exam.
열심히 했음에도 불구하고, 존은 시험에서 낙방했어요.

1. The food tastes a little unique. I'm so **curious about** the ingredients.
   음식맛이 약간 특이해요. 재료가 궁금하네요.
2. I'm really **curious about** how she feels about me. She is so hard to read. 그녀가 나에 대해 어떻게 생각하는지 너무 궁금해요. 그녀 마음을 도통 알 수가 없네요.
3. Just **out of curiosity**. 그냥 궁금해서 여쭤봤어요.
4. I am **wondering about** how BMW different from other cars?
   BMW가 다른 차들과 어떻게 다른지 궁금해요.
5. I **wonder if** she has saved enough money to buy that house.
   그녀가 그 집을 살 만큼 돈을 모았는지 궁금하네요.

■ **curious** 궁금한, 호기심 있는 **whether ~ or not** ~인지 아닌지 **fail the exam** 낙방하다 **opinion** 의견 **issue** 문제 **ingredient** 재료 **unique** 독특한 **I am new to + 명사** ~의 초보자예요

# ~하게 됐어요

## come to + 동사원형

> **twitter** 영화배우 / 박중훈
>
> 집에 전기가 안 들어온다. 미리 예고된 정전이었지만 할 수 있는 게 그리 많지가 않다. 아주 흔한 진리 하나를 새삼 절감한다. 있을 때 고마운 줄 알고 잘해라!
> The electricity went out. Even though it was expected, there's not much I can do. I **came to** realize an important lesson. You should be thankful for what you have right now.

■ 「come to + 동사원형」은 단순히 과거의 행위만을 나타내는 것을 넘어 '어떠한 계기를 통해 무엇을 하게 됐다'는 의미를 살릴 때 적절한 표현입니다.

### go 하나로 복잡하고 어려운 의미 표현하기

The electricity **went out**. 전기가 나갔어요.
The siren **went off** at noon. 그 사이렌이 정오에 울렸어요.
I **went through** the bag. 그 가방을 샅샅이 뒤졌어요.
Please **go on**. 계속하세요.

1. The relative **came to** live with my family.
   그 친척은 우리 가족과 함께 살게 됐어요.
2. I **came to** love this car. 이 차를 사랑하게 됐어요.
3. You will **come to** understand by and by. 곧 알게 될 겁니다.
4. I've **come to** realize that I loved her so much.
   그녀를 엄청나게 사랑했다는 것을 깨닫게 됐어요.
5. I've **come to** know that I was wrong.
   제가 틀렸다는 것을 알게 됐어요.

■ **go out** (전기 등이) 나가다 **come to + 동사원형** ~하게 되다 **right now** 현재 **relative** 친척 **by and by** 곧
**go off** (사이렌 등이) 소리를 내다 **go through** 샅샅이 뒤지다

## 추천 좀 해주세요

# Any recommendation?

**twitter** 축구선수 / **차두리**

오늘은 쉬는 날!! 오랜만에 사랑하는 사람과 단 둘이 글래스고 데이트. 빨리 맛있는 곳을 찾아내야지!! 아는 곳 있으면 추천 좀!!
Got a day off today. It's been a while since I went out with my sweetheart to Glasgow. I need to find some decent restaurants. Could you **recommend** some?

■ 최근 인터넷에서 많이 쓰이는 표현을 차두리 로봇님께서 쓰셨네요. 추천 좀(?)은 Could you recommend some?처럼 약간 격식에 맞게 표현해도 좋고요. 조금 간단히 젊은 세대처럼 표현하고 싶다면 Any recommendation?이라고 하면 됩니다. 영화나 시트콤에서는 후자가 훨씬 더 많이 튀어나옵니다.

**회사생활과 관련된 재미난 트위터 표현**

I got a day off. 오늘 쉬는 날이에요.
Don't boss me around. 나한테 이래라 저래라 하지 마세요.
It's none of your business. 당신이 참견할 바가 아니에요.
Let's call it a day. 오늘은 그만 마치시죠.
I will keep you company. 내가 같이 할게요.

1. Could you **recommend** a nice area to live in this city?
   이 도시에서 살기 좋은 곳 좀 추천해줄래요?
2. Could you **recommend** a good hotel that isn't too expensive for me?
   너무 비싸지 않은 음식점 좀 추천해줄래요?
3. What kind of movie do you like? Could you **recommend** one?
   어떤 영화 좋아하세요? 하나 추천해줄래요?
4. What do you **recommend** for my hair? 머리를 어떻게 하는 게 나을까요?
5. What appls would you **recommend** for my smartphone?
   제 스마트폰에 적당한 어플 좀 추천해줄래요?

■ **day off** 비번, 쉬는 날  **call it a day** 하루 일과를 마치다  **recommend** 추천하다  **area** 지역  **expensive** 비싼  **appl** 어플

## B보다 A가 더 좋아요

# prefer A to B

> **twitter** 탤런트, 영화배우 / **최강희**
>
> 저어는 쌀떡볶이보다 밀가루떡볶이가 더 좋아요. ㅎㅎㅎ
> I **prefer** TOPOKKI(= rice cakes in hot sauce) **to** flour TOPOKKI.

■ B보다 A를 더 좋아한다고 말할 때는 prefer A to(전치사) B를 사용합니다. 여기서 중요한 것은 A와 B 자리에는 명사나 동명사(-ing)만 올 수 있다는 것입니다. prefer to A rather than B 형태에서는 A와 B 자리에 to부정사가 옵니다.

1. She **prefers** watching basketball **to** playing it.
   그녀는 농구를 직접 하는 것보다 구경하는 것을 더 좋아합니다.
2. Children **prefer** the bus **to** the subway so that they can see the view outside. 아이들은 바깥 풍경을 볼 수 있어서 지하철보다 버스를 더 선호합니다.
3. Young travelers **prefer** youth hostels **to** expensive hotels.
   젊은 여행객들은 값비싼 호텔보다 유스호스텔을 선호합니다.
4. I would **prefer to** play basketball **rather than (to)** watch movies.
   영화를 보는 것보다 농구 경기를 하는 것을 더 좋아해요.
5. John would **prefer to** have a Galaxy phone **rather than (to)** have an iPhone. 존은 아이폰보다 갤럭시폰을 갖고 싶어할 거예요.

■ **flour** 밀가루 **prefer** 선호하다 **rather than** ~보다는 차라리 **subway** 지하철 **view outside** 바깥 풍경 **expensive** 비싼

## 친하게 지내고 있어요

# get along with

> **twitter**     MC, 개그맨 / **이경규**
>
> 안뇽 경규입니다. 강아지 말고도 또 있어요. 고양이 랑이와 강이를 소개합니다. 무슨 종류인지는 몰라요? 걔들하고 잘 지내고 있어요.
> Hi. It's me. I have pets other than dogs. Let me introduce my cats Langi and Kangi. I don't know their breed but they **get along** well **with** the dogs.

▪ get along with에서 with 앞에 well을 넣으면 아주 혹은 잘의 의미가 강조돼서 아주 사이좋게 지내고 있어요, 아주 잘 지내고 있어요라는 의미가 됩니다. 서로 친하고 지내고 있지 않아요라는 부정의 의미를 표현하고 싶다면 They are not getting along with each other. 처럼 getting 앞에 not을 넣으면 되겠죠.

1. I can't **get along with** my new roommate.
   새 룸메이트와 잘 지낼 수가 없어요.
2. I heard Jane is not **getting along well with** her boss.
   제인이 상사와 사이가 좋지 않다고 들었어요.
3. The transferred student doesn't seem to **get along with** other students. 그 전학 온 학생은 다른 학생들과 잘 지내는 것 같아 보이지 않네요.

other, than, except, except for는 다 '~을 제외하고'라는 의미로 쓰이지만 뒤에 따라오는 것이 조금씩 다르답니다.

other than은 뒤에 '단어' 아니면 '구'를 취합니다.
Are you taking any courses **other than** History? 역사 과목 말고 다른 과목들도 수강하시나요?
**Other than** moving this furniture, what else do you want to change for this room?
이 가구를 옮기는 것 말고, 이 방에 어떤 다른 변화를 주고 싶나요?

except는 접속사로 쓰일 땐 바로 뒤에 '단어/구'와 '절' 둘 다 올 수 있어요.
They were all there **except** John. (except 다음에 단어가 오는 경우)
존을 제외하고는 그 자리에 모두 있었습니다.
**Except** that the soup was too sweet, the meal was great. (except 다음에 절이 오는 경우)
스프가 너무 달았던 것을 제외하면, 식사는 훌륭했어요.

「except + 전치사(주로 for)」 형태는 뒤에 반드시 '단어' 아니면 '구'를 취해야 하고 「주어 + 동사」 형태의 '절'은 절대 올 수 없습니다.
I ate everything on my plate **except for** the egg.
계란을 제외하고 저는 접시에 있던 모든 것을 먹어치웠어요.

1   I am going away in November but **other than** that I'll be here all winter. 11월에 딴 데 가는 것 빼면, 겨울 내내 여기 있을 거예요.
2   No one knows much about her **except** that she came from L.A.
    그녀가 L.A. 출신이라는 것을 제외하면 아무도 그녀에 대해 잘 알지 못합니다.

■ **take a course** 수업을 수강하다 **other than** ~을 제외하고 **furniture** 가구 **meal** 식사 **plate** 접시
**get along with** 친하게 지내다 **each other** 서로 **transfer** 이전하다, 옮기다

# 떨지 말고

## get nervous

> **twitter** 　　　　　　　　　　　　　영화배우 / 이정진
>
> 긴장하지 말구 잘해ㅋㅋ 걸그룹 앞이라고 떨지 말고ㅋㅋ 난 밤새고 촬영 중 ㅠㅠㅠ
> **Don't get so nervous**, just because you are performing in front of KARA. You're gonna be fine. I am staying up all night for shooting.
> *카라 특집 〈스타킹〉을 녹화하러 왔다는 절친한 친구 마술사 최현우의 트위터 글에 대한 답변

### 긴장
I got nervous. 긴장했어요. 떨려요.　　　　I'm feeling blue. 우울해요.
I'm depressed. 저 기분이 다운됐어요.

### 웃음
I couldn't keep a straight face. 웃음을 참을 수가 없었어요.
She burst into a laugh. 그녀의 웃음보가 터졌어요.
He is grinning from ear to ear. 웃음이 아주 귀에 걸렸던데요.

### 짜증, 당황
I am so frustrated. 아 짜증나요.　　　　I am so embarrassed. 완전 당황돼요.
I am confused. 혼란스럽네요.

### 안심
What a relief. 안심했어요.

1. How do you not **get nervous** when doing a presentation?
   어떻게 하면 발표를 할 때 떨지 않을 수 있나요?
2. If you **get nervous** doing a test, take a deep breath.
   시험 칠 때 긴장이 된다면, 심호흡을 해보세요.
3. The player **got nervous** and missed the ball.
   그 선수는 긴장을 해서 공을 놓쳤습니다.

▪ **nervous** 긴장하는 **stay up all night** 밤을 새우다 **depressed** 낙담한 **grin** (소리 없이) 활짝(크게) 웃다 **frustrated** 짜증난 **embarrassed** 난처한 **relief** 안도, 안심 **presentation** 발표

# Part 5
# 베스트 트위터 영어

# 🐦 리트윗 많이 받는 방법
## How to get ReTweeted

수학 공식처럼 알려드리겠습니다.

$$\{140 - (username + 5)\} \times interestingness = probability\ of\ RT$$

트위터에 무슨 수학공식이냐고요? 자! 진정들하고 쉽게 설명 드릴게요. 우선 RT가 된 경우 글을 쓴 사람의 아이디가 공간을 차지하게 되고 그 앞뒤로 빈칸 5개가(다섯 개나) 소모가 됩니다. 그리고 남은 공간이 자신의 트윗 메시지 공간인데 이게 간단하면 간단할수록, 흥미로우면 흥미로울수록 다른 사람에 의해 RT될 확률이 확 증가한다는 의미입니다. 확률인데 100을 곱해야 되는 거 아닌가요?라고 묻지는 마시고요! 사용자 이름을 제외하면 흥미로움(interestingness)이 RT를 받을 확률(probability)을 높이는 데 가장 중요한 요소라는 것이죠.

리트윗을 많이 받고 싶다면 딱 두 가지만 하면 됩니다(To increase your chances of being retweeted you only need to do two things). 트위터에서 RT를 많이 받을 수 있는 방법을 자신의 트위터에 올려 전 세계에서 호응을 불러일으킨 트위터 글을 인용하겠습니다. (출처 twitter.com/louisedoherty)

**첫째, 짧게 말하세요(Keep your tweet short).**

> **twitter** 🐦
>
> **All tweets must be less than 140 characters, but to be retweeted you need to allow space for an '@' symbol, your username, the letters 'RT', and 2 spaces (one after RT and one after your username).**
>
> 모든 트윗은 140자 미만이어야 되는 것 아시죠? 여기에 더해 자신의 글이 RT가 되길 원하면 @와 여러분의 사용자 이름, 그리고 RT라는 문자가 들어갈 공간이 남아 있어야 합니다. 아, 그리고 추가적으로 2개 문자 공간이 필요한데 RT 앞에 스페이스 한 칸, 사용자 이름 뒤에 스페이스 한 칸이 필요합니다.

예)  한 칸    한 칸
　　 RT @Histwittish Never put off till tomorrow what you can do today.
　　 오늘 할 수 있는 일을 내일로 미루지 마세요.

**둘째, 흥미로운 주제에 대해 말하세요**(Say something interesting).

> **twitter**
>
> **No one will retweet you if it is not interesting. You need to have something interesting to say! People would actively pass it on, because they've found it funny, informative or useful.**
>
> 재미가 없다면 아무도 당신의 트윗을 리트윗하지 않을 거예요. 흥미로운 주제를 트윗에 올려야 합니다! 당신의 트윗이 재밌고, 좋은 정보이거나 유용하다면 적극적으로 다른 사람들에게도 그 글을 퍼뜨릴 거예요.

# 🐦 동서양을 막론하고 트위터에서 가장 많이 돌려본 35문장
### The 35 most retweeted tweets

 01

**Noticing a single shortcoming in ourselves is far more useful than seeing a thousand in someone else. When it is our own: we can correct it.**

다른 사람의 결점 수천 개를 보는 것보다 우리 자신의 결점 한 개를 찾아내는 것이 훨씬 더 유용합니다. 우리의 결점은 우리가 고칠 수 있기 때문이지요.

▪ **notice** 알아채다 **shortcoming** 단점 **useful** 유용한 **own** 자신의 것 **correct** 고치다, 수정하다

 02

**I don't measure a man's success by how high he climbs but how high he bounces when he hits bottom.**

저는 사람이 얼마나 높이 올라갔는가의 여부로 성공을 측정하기보다 바닥에서 얼마나 많이 치고 올라갔는가로 측정합니다.

▪ **measure** 측정하다 **success** 성공 **climb** 오르다 **bounce** 튀어 오르다 **bottom** 바닥

 03

**Don't focus on the one guy who hates you. You don't go to the park and set your picnic down next to the only pile of dog shit.**

당신을 싫어하는 사람에게 신경 쓰지 마세요. 당신이 소풍을 가서 개똥만 있는 곳에 음식을 내려놓지 않는 것처럼 말이죠.

▪ **focus on** ~에 집중하다, 신경 쓰다 **hate** 싫어하다 **park** 공원 **picnic** 소풍 **set down** 설치하다 **next to** ~ 옆에 **pile** 한 무더기 **shit** 배설물

## 📧 04

**Yesterday is history. Tomorrow is a mystery. And today? Today is a gift. That's why we call it the present.**

어제는 역사. 내일은 미스터리. 그럼 오늘은? 오늘은 선물입니다. 그래서 우리는 현재를 present(선물)라고 부르는 것입니다.

- **history** 역사  **mystery** 미스터리, 불가사의  **gift** 선물  **that's why** 주어 + 동사 ~ 그래서 ~하는 것이다  **present** 현재, 선물

## 📧 05

**It's dumb not to learn from others because u disagree with much of what they say. Even a broken clock is correct twice a day.**

다른 사람과 의견이 다른 점이 많다고 해서 그 사람으로부터 배우려 하지 않는 것은 미련한 짓입니다. 왜냐하면 고장 난 시계도 하루에 두 번은 맞거든요.

- **dumb** 멍청한, 어리석은  **disagree with** ~에 동의하지 않다  **break**(broke-broken) 깨다  **clock** 시계  **correct** 옳은: (잘못된 것을) 바르게 고치다

## 📧 06

**"I walk slowly, but I never walk backward."**

나는 천천히 걷지만 뒤로 걷지는 않습니다.

- **slowly** 천천히  **backward** 뒤로

## 📧 07

**I'm beautiful in my way, cause God makes no mistakes. I'm on the right track, baby. I was Born This Way.**

신은 실수를 하지 않는다는 걸 알기에 제가 저만의 아름다움을 가지고 있다고 확신합니다(지금 이대로의 나 자신을 사랑합니다). 제대로 가고 있는 것 같아요. 저는 이렇게 태어났거든요.

- **in my way** 나만의 방식으로  **cause**(= cuz = because) 왜냐하면  **mistake** 실수  **track** 길  **way** 길, 방식

**08**

**You can avoid reality, but you cannot avoid the consequences of avoiding reality.**

현실을 회피할 수는 있지만 현실을 회피한 결과를 피할 수는 없습니다.

▪ **avoid** 피하다 **reality** 현실 **consequence** 결과

 **09**

**I can accept failure, but I can't accept not trying.**

나는 실패를 받아들일 수는 있지만, 노력하지 않는 것은 받아들일 수 없습니다.

▪ **accept** 받아들이다 **failure** 실패 **try** 시도하다

 **10**

**Telling the truth and making someone cry are better than telling a lie and making someone smile.**

진실을 말해서 다른 사람을 울게 만드는 것이 거짓말을 해서 다른 사람을 웃게 만드는 것보다 낫습니다.

▪ **truth** 진실 **lie** 거짓말

 **11**

**Dream as if you'll live forever. Live as if you'll die today.**

영원히 살 것처럼 꿈을 꾸세요. 오늘 죽을 것처럼 하루를 사세요.

▪ **as if** 마치 ~처럼 **forever** 영원히 **die** 죽다

 **12**

**We become what we do. Don't allow prejudices guide your decisions.**

우리가 하는 것이 쌓여서 우리의 존재가 됩니다. 편견이 당신의 결정들을 방해하는 걸 허용하지 마세요.

▪ **become** 되다 **allow** 허락하다 **prejudice** 편견 **decision** 결정

## 📩 13

**Beautiful appearance can be immediately recognized, but we easily lose our interest in it. However, inner beauty needs more time to be appreciated, but we never get tired of it.**

아름다운 외모는 한순간에 알아볼 수 있지만, 또한 한순간에 싫증이 나기도 합니다. 그러나 아름다운 마음은 오랜 시간이 지나야 진가를 파악할 수 있지만 아무리 오랜 시간이 지나도 싫증이 나지 않습니다.

▪ **appearance** 외모 **immediately** 즉시 **recognize** 인식하다 **easily** 쉽게 **inner** 내부의(↔ outer 외부의) **appreciate** 가치를 평가하다 **get tired of** 싫증나다


## 📩 14

**When 1 door closes another door opens; don't look so long upon the closed door that U do not see the ones that open for you.**

문이 하나 닫히면 다른 문이 열리게 마련입니다. 이미 닫힌 문을 오랫동안 바라보느라 열려 있는 문들을 보지 못하는 우를 범하지 마세요.

▪ **close** 닫히다 **another** 또 다른 **so long** 너무 오랫동안


## 📩 15

**Life is not fair — get used to it. If you mess up, it's not your parents' fault, so don't whine about your mistakes, learn from them.**

인생은 원래 공평하지 않습니다. 그것에 익숙해지세요. 당신이 엉망으로 만들었다면, 당신의 부모님 잘못이 아닙니다. 실수에 대해서 불평만 하지 말고 그것으로부터 교훈을 얻길.

▪ **fair** 공평한 **get used to** ~에 익숙해지다 **mess up** 망치다 **fault** 실수 **whine** 불평하다


## 📩 16

**There are only two ways to live your life. One is as if nothing is a miracle. The other is as if everything is a miracle.**

당신의 인생을 사는 방법은 두 가지밖에 없습니다. 하나는 기적은 존재하지 않는다고 믿으며 사는 것. 다른 하나는 매사가 다 기적이라고 믿고 사는 것.

▪ **only** 오직 **as if** 마치 ~처럼 **miracle** 기적 **everything** 모든 것

**17**

**Whether you think you can or whether you think you can't, you're right!**
당신이 할 수 있다고 생각하든 할 수 없다고 생각하든 당신의 생각은 맞습니다!

- **whether** ~이든

 **18**

**I have not failed. I've just found 10,000 ways that won't work.**
저는 실패한 게 아닙니다. 잘못된 방법 10,000개를 찾아내는 데 성공한 겁니다.

- **work** 작동하다 **find** 발견하다

**19**

**Music does bring people together. It allows us to experience the same emotions. People everywhere are the same in heart and spirit. No matter what language we speak, what color we are, the form of our politics or the expression of our love and our faith, music proves: We are the same.**
음악은 사람들을 한데 뭉치게 하고 같은 감정을 경험하도록 해줍니다. 세상의 모든 사람들의 마음과 정신은 똑같습니다. 사람들이 어떤 언어를 사용하든 어떤 피부색을 가졌든 혹은 어떤 정치 형태나 사랑의 표현 방법, 그리고 어떤 종교를 가졌든지 간에 음악은 우리 모두가 하나라는 것을 보여줍니다.

- **bring A together** A를 한데 뭉치게 하다 **allow A to B** A로 하여금 B하게 하다 **emotion** 감정 **spirit** 정신, 영혼 **no matter what** ~이든 간에 **politics** 정치 **expression** 표현 **faith** 신앙 **prove** 증명하다

**20**

**For all the cruelty and hardship of our world, we should not be mere prisoners of fate. Our actions matter, and can bend history in the direction of justice.**
이 세상에는 온통 잔인함과 고난이 널려 있지만 우리는 운명의 노예가 되어버려서는 안 됩니다. 우리의 행동이 중요합니다. 우리의 행동은 역사에 있어 정의의 흐름을 돌려놓을 수도 있습니다.

- **cruelty** 잔인함 **hardship** 고난 **prisoner** 죄수 **fate** 운명 **bend** 굽히다 **direction** 방향 **justice** 정의 **for all** ~임에도 불구하고

21
## Nothing lasts forever — pain and troubles are included.
세상에 영원한 것은 없답니다. 고통과 문제들도 마찬가지고요. (고통과 문제점들도 사라지게 마련입니다.)

▪ **last** 지속되다; 마지막의 **pain** 고통 **trouble** 문제점 **include** 포함하다

 22
## When you are afraid to lose, you normally lose. Therefore, don't be afraid of losing.
지는 것을 두려워한다면, 당신은 지게 될 것입니다. 그러니 지는 것을 두려워 마세요.

▪ **when** ~할 때 **afraid** 두려워하다 **lose** 지다, 잃다 **normally** 대개, 보통은 **therefore** 그러므로

 23
## Be nice to people on your way up because you meet them on your way down.
인생이 잘 풀릴 때, 사람들에게 잘하세요. 왜냐하면 일이 안 풀릴 때, 그 사람들을 만나게 될 것이기 때문입니다.

▪ **be nice** 친절하게 대하다 **on one's way** ~ 가는 길에

 24
## There are big ships and small ships. But the best ship of all is friendship.
세상에는 큰 정도 있고 작은 정들도 있지만 최고의 정은 우정입니다.

▪ **friendship** 우정

 25
## An eye for eye only ends up making the whole world blind.
눈에는 눈이라는 식으로 응대하면 결국 온 세상의 눈이 멀게 될 것입니다.

▪ **end up -ing** 결국 ~하게 되다 **whole** 전체의 **blind** 눈먼

**26**

**We knew everybody was saying we could not win because of our size. But it is not about the size of the player. It's about the size of your heart.**

사람들이 우리 팀의 키가 작아서 질 거라고 얘기하고 있는 것은 알았어요. 그렇지만 경기는 키로 하는 게 아니라 심장의 크기로 하는 거라고요.

- **because of** ~ 때문에 **size** 크기, 신장 **player** 선수

 **27**

**Don't say you don't have enough time. You have exactly the same number of hours per day that were given to Teresa, da Vinci, and Einstein.**

시간이 없어서라고 말하지 마세요. 테레사 수녀, 다빈치, 그리고 아인슈타인에게 주어졌던 하루 24시간이 당신에게도 동일하게 주어졌습니다.

- **enough** 충분한 **exactly** 정확히 **per day** 하루당

 **28**

**The biggest mistake you can make in this world is trying to do everything by yourself — teamwork.**

세상을 살아가면서 할 수 있는 가장 큰 실수는 나 혼자서 다 해내려고 애쓰는 것입니다. 팀워크가 필요합니다.

- **biggest** 가장 큰 **make a mistake** 실수를 저지르다 **by oneself** 혼자서, 스스로

 **30**

**Great works are performed, not by strength, but by perseverance.**

훌륭한 일은 힘에 의해서가 아니라 끈기에 의해서 이루어집니다.

- **perform** 수행하다, 공연하다 **strength** 힘 **perseverance** 인내

29

**Twenty years from now you will be more disappointed by the things you didn't do than by the ones you did do.**

지금으로부터 20년 후에 당신은 당신이 했던 것들에 대한 후회보다 하지 않은 것들에 대한 후회를 더 많이 할 것입니다. (안 하고 후회 말고 저지르고 반성하자.)

- **be disappointed** 실망하다

 34

**Before u succeed, u must learn how to fail....
HOPE = (H)ave (O)nly (P)ositive (E)xpectations**

성공하기 전에, 실패하는 법부터 배우세요. 희망이란, 긍정적인 기대들만을 갖는 것입니다.

- **succeed** 성공하다 **fail** 실패하다 **expectation** 기대 **positive** 긍정적인

 32

**The greatest mistake you can make in life is to be continually fearing you will make one.**

인생에서 당신이 저지를 수 있는 가장 큰 실수는 실수를 저지를까 봐 끊임없이 두려워하는 것입니다.

- **mistake** 실수 **continually** 계속적으로 **fear** 두려워하다

 33

**To think is easy. To act is hard. But the hardest thing in the world is to act in accordance with your thinking.**

생각은 쉽지만 실천은 어렵습니다. 그러나 세상에서 가장 어려운 것은 생각과 행동을 일치시키는 것입니다.

- **to think** 생각하는 것 **to act** 행동하는 것 **in accordance with** ~에 맞추어

## 31

**I love you, not just because i do, because i can't help loving you.**

사랑하기 때문에 사랑하는 것이 아니라, 사랑할 수밖에 없어 당신을 사랑하는 것입니다.

 can't help -ing ~할 수밖에 없다

## 35

**We always ignore the ones who adore us, and adore the ones who ignore us.**

우리는 항상 우리가 소중히 여기는 이들은 무시하고 우리를 무시하는 이들을 소중히 여깁니다.

# Part 6
# 트위터 속 사건사고 영어로 읽기

# 허드슨 강에 불시착한 비행기 생중계

> **twitter**
>
> There's a plane in the Hudson. I'm on the ferry going to pick up the people. Crazy.
> 허드슨 강에 비행기가 있어요. 나는 페리선 위에 있는데 사람들을 구하러 갈 거예요. 큰일 났네요.
>
> Janis Krums was aboard a ferry used to rescue stranded passengers, and uploaded the news-breaking photo to TwitPic from his iPhone during the rescue.
> 재니스 크럼스는 조난당한 승객을 구조하는 데 이용된 페리선에 타고 있었는데, 구조 활동 중에 아이폰으로 트윗픽에 특종 사진을 올렸습니다.

▪www.twitter.com/jkrums
비행기 추락 사진과 간단한 사항을 자신의 트위터에 올려 신속한 구조가 이루어지게 해 하루아침에 유명인사가 된 주인공인 재니스 크럼스(Janis Krums)의 트위터

▪사건 설명
2009년 1월 15일. 허드슨 강에 US Airways사 소속 비행기가 불시착. 마침 페리선을 타고 있던 한 남자가(@jkrums) 사진을 찍어 트위터에 글과 함께 올렸고, 1분도 안 돼 수십만 건의 RT가 일어나 신속하게 구조되었습니다. 트위터의 유용성이 전 세계에 알려진 사건이죠.

▪**ferry** 페리선 **pick up** 구조하다 **aboard** 탑승한 **rescue** 구조하다 **stranded** 길을 잃은 **news-breaking** 특종의

#  이란 소녀 네다의 죽음

**twitter**

the world will not take your death lightly but allow it to not be in vain.

세상은 당신의 죽음을 가볍게 여기지 않을 거예요. 결코 헛되지 않도록 하겠습니다.

Neda Slain Iranian woman becomes symbol of protests.

사망한 이란 소녀 네다는 저항의 상징이 되었습니다.

It took just one bullet to kill Neda. It will take just one Neda to bring an end to Iranian tyranny.

네다를 죽인 건 단 한 발의 총알이었지만, 네다 바로 그 한 사람이 이란 독재의 종식을 가져올 겁니다.

■ twitter.com/cnnbrk
네다의 사망 소식을 전한 CNN 긴급 뉴스 트위터

■ 사건 설명
2009년 이란의 대통령 선거 부정 의혹과 관련된 반정부 시위에서 '네다'라는 16살 소녀가 정부군의 총에 맞아 사망합니다. 외신의 취재가 전면 금지된 상태에서 아이폰으로 몰래 찍은 사망 현장의 사진과 동영상이 트위터에 몰래 올려졌고, 이 소식이 순식간에 RT에 RT가 되면서 전 세계로 퍼져나갔죠. 덕분에 각국으로부터 이란 정부에 대한 비난 여론을 형성하는 데 엄청난 기여를 합니다.

■ **take lightly** 가볍게 받아들이다 **allow** 허락하다 **in vain** 헛되게 **symbol** 표시, 상징 **protest** 저항 **although** 주어 + 동사 ~임에도 불구하고 **clear** 명확한 **shoot** 쏘다(과거형 shot) **death** 죽음

# 마이클 잭슨 사망과 트위터 서버 다운

**RIP michael jackson. what a tremendous loss .... thoughts and prayers with their families and loved ones ....**
마이클 잭슨 편히 잠드세요. 당신을 잃다니 너무 슬프네요. 가족들과 사랑하는 사람들과 함께 당신을 생각하며 기도할게요.

**Not surprisingly, Michael Jackson's memorial has taken over the conversation on Twitter this afternoon. Jackson-related tweets occupy Twitter's topics.**
당연히, 마이클 잭슨에 대한 추모글이 오늘 오후 트위터를 점령했네요. 트위터 핫 토픽 란에 잭슨과 관련된 트윗들로 가득 넘쳐나고 있습니다.

***LA Times*: Michael Jackson hospitalized. More to come as we learn it.**
〈LA 타임스〉에 따르면 마이클 잭슨이 입원했다고 합니다. 추가적인 소식이 오는 즉시 알려드릴게요. (워싱턴포스트지 트위터 www.twitter.com/washingtonpost)

**Pop icon Michael Jackson has been rushed to L.A. hospital in cardiac arrest. According to CNN affiliate KTLA.**
CNN 계열사인 KTLA에 따르면, 팝 아이콘인 마이클 잭슨이 심장마비로 인해 LA의 한 병원으로 이송됐다고 합니다. (CNN 긴급뉴스 트위터 www.twitter.com/cnnbrk)

▪ www.twitter.com/mandymoore
언론보다 먼저 마이클 잭슨의 사망 소식을 알린 맨디 무어의 트위터

▪ www.twitter.com/janetjackson
오빠 마이클 잭슨의 추모글을 올린 동생이자 가수 자넷 잭슨의 트위터

■ 사건 설명

마이클 잭슨의 사망이 언론에 공식적으로 발표되기 전에 그의 한 측근이 트위터를 통해 마이클 잭슨의 사망 소식을 슬금슬금 흘렸습니다. 그러던 중 유명한 싱어송라이터이자 연기자인 맨디 무어(@mandymoore)가 올린 글 때문에 트위터는 마이클 잭슨의 사망 소식으로 가득 차게 됩니다. 덕분에 트위터 서버는 다운됐지만 이것을 시발점으로 전 세계에 마이클 잭슨 사망 소식이 전해졌습니다.

■ **tremendous** 엄청난 **prayer** 기도 **hospitalize** 입원시키다 **-related** ~과 관련된 **conversation** 대화 **take over** 점령하다 **memorial** 추모의 **occupy** 점령하다 **cardiac arrest** 심장마비 **according to** ~에 따르면

#  커쳐와 CNN 간의 팔로워 수 대결

**twitter**

**I will race to get 1 million followers on this Twitter site. If I beat them, I will "ding-dong ditch" CNN founder Ted Turner's house.**

트위터에 백만 팔로워를 얻는 경쟁을 할 거예요. 제가 만약 CNN을 이기면 이 회사 창립자인 테드 터너 씨 집의 벨을 누르고 튈 겁니다.

**Ashton Kutcher beats CNN in race for a million Twitter followers (with a little help from Demi Moore).**

에쉬튼 커쳐가 트위터 팔로워 백만 모으기 시합에서 CNN 을 누르고 승리합니다. (데미 무어의 도움을 약간 받아서)

**Ashton becomes the first user to have a million people following his updates, or 'tweets.'**

에쉬튼 커쳐는 업뎃이나 트윗을 팔로잉하는 사람의 수가 처음으로 백만을 넘어서는 사용자가 됩니다.

■www.twitter.com/aplusk
에쉬튼 커쳐 트위터

■www.twitter.com/mrskutcher
데미 무어 트위터

■www.twitter.com/kingsthings CNN
래리 킹 진행자 래리 킹 트위터

■**사건 설명**

데미 무어 남편으로 유명한 연기자 에쉬튼 커쳐가 어느 날 CNN 대담 프로그램(래리 킹 라이브)에 출연하여 자신보다 팔로워 수가 5만 명이나 더 많은 CNN을 상대로 누가 먼저 백만 팔로워에 도달하는지 내기하자고 제의합니다. CNN이 이 제의를 받아들이자 전 세계인의 관심거리가 됐었죠. 뿐만 아니라, 전 세계에 트위터 열풍을 불게 하는 시발점이 됐습니다. 물론 CNN을 이기기 위해 약간의 반칙 아닌 반칙을 했죠. 바로 의도적으로 아내이자 배우 데미 무어의 속옷 입은 사진을 올려 팔로워 수를 급격하게 늘린 죄!
어찌됐든 에쉬튼은 만약 자신이 이기면 CNN 창립자인 테드 터너 집의 벨을 누르고 튀겠다고 했고 결국 에쉬튼이 승리하게 됩니다. 실제로 에쉬튼은 CNN 회장 집 벨을 누르고 도망가는 장난을 쳤다고 하네요.

■ **race** 경쟁하다, 시합하다  **beat** 누르다, 이기다  **ding-dong ditch** 벨을 누르고 도망치다  **founder** 설립자

#  돈 내고 톱스타의 팔로잉 받기

## twitter

**I am asking all my friends, celebrities, entertainers, and businessmen, everyone to help me raise to build home in Haiti.**

제 친구들, 유명인사들, 연예인들, 그리고 기업 하는 분들, 아이티에 집짓기 모금을 하는 저를 좀 도와주세요.

**Instead of selling my autographs, photos, I am auctioning off the two coolest things. One, to follow you on Twitter. Two, to get a special mention from you on Twitter and RT it to my followers.**

제 사인이나 사진들을 파는 대신에, 두 가지 멋진 것을 경매에 내놓을게요. 첫 번째는 여러분을 제가 팔로우하는 거죠. 두 번째는 여러분의 특별한 멘션을 제 팔로워들에게 RT하는 겁니다.

**If you're interested in Shaquille O'Neal following you on Twitter, it will cost you — about $500, All the money will benefit a Haiti earthquake relief project.**

샤크가 트위터에서 여러분을 팔로잉하는 데 관심이 있다면 500달러 정도 비용이 들 거예요. 물론 모아진 모든 성금은 아이티 지진 피해를 복구하는 데 쓰일 것입니다.

▪ www.twitter.com/EvaLongoria
에바 롱고리아 트위터

▪ www.twitter.com/JustinBieber
저스틴 비버 트위터

▪ www.twitter.com/THE_REAL_SHAQ
샤킬 오닐 트위터

■ **사건 설명**

최고 스타의 팔로잉을 받는 대신 돈을 지불해야 한다면? 미국의 한 자선 사이트가 유명 스타들의 트위터 팔로우 비용(?)을 경매에 내놓아 폭발적인 반응을 얻었습니다. 미드 〈위기의 주부들〉로도 친숙한 에바 롱고리아가 3,600만 원에 낙찰이 됐는데, 이 돈을 내면 에바 롱고리아가 팔로우를 해줄 뿐만 아니라 낙찰자의 트위터 글을 RT(퍼나르기)까지 해준다고 하네요.

550만 명의 팔로워를 자랑하는 미국의 국민 남동생이자 트위터 스타 저스틴 비버는 약 1,800만 원 정도에 비교적 저렴하게 팔렸습니다. 팔로우와 RT 버튼 클릭 한 번에 3,000여 만 원이라, 참 돈 벌기 쉽네요!

NBA의 슈퍼스타 샤킬 오닐은 조금 저렴하게 시작했네요. 시작 금액 500달러 내면 팔로우해드립니다. 물론 이 모든 수익금은 아이티 난민들을 위해 쓰였다고 합니다.

■ **celebrity** 유명인사 **entertainer** 연예인 **businessman** 기업가 **raise** 모금하다 **instead of** ~ 대신에 **auction off** 경매에 내놓다 **put A up for auction** A를 경매에 올리다 **be interested in** ~에 관심이 있다 **cost** 지불하다 **earthquake** 지진